ECONOMÍA

PARA MENTES INQUIETAS

Edición sénior Scarlett O'Hara
diseño sénior Sheila Collins
Edición del proyecto Ruth O'Rourke
Diseño Mik Gates, Dave Ball
Ilustración Sheila Collins, Mik Gates, Simon Mumford

Edición ejecutiva Francesca Baines
Edición ejecutiva de arte Phil Letsu
Dirección de la edición Andrew Macintyre
Dirección editorial Jonathan Metcalf
Associate Publishing Director Liz Wheeler
Dirección de arte Karen Self
Producción (preproducción) Gillian Reid
Producción sénior Vivienne Yong, Gary Batchelor
Edición de la cubierta Claire Gell
Diseño de la cubierta Mark Cavanagh

De la edición española:
Coordinación editorial Elsa Vicente
Asistencia editorial y producción Alice Dalle Luche

Servicios editoriales: Tinta Simpàtica
Traducción: Ana Riera Aragay

Publicado originalmente en Gran Bretaña
en 2016 por Dorling Kindersley Limited,
80 Strand, London WC2R 0RL
Parte de Penguin Random House

Título original: *Heads Up Money*
Primera edición: 2017

ISBN 978-1-4654-7127-7

Impreso y encuadernado en China.

www.dkespañol.com

ECONOMÍA
PARA MENTES INQUIETAS

ESCRITO POR
MARCUS WEEKS

ASESORADO POR
DEREK BRADDON

Contenidos

06   Todo es DINERO

08   ¿Qué hace un ECONOMISTA?

¡Enséñame el DINERO!

12   ¿Qué es el DINERO?

14   En el MERCADO

16   Entender la MONEDA

18   CAMBIO justo

20   ¿Dónde está el DINERO?

22   Destacado:
CRIPTOMONEDAS

24   COMPRENDER la economía

26   Dinero y economía
en la PRÁCTICA

¿Cuánto VALE?

30   El PROBLEMA económico

32   ¿Quién recibe QUÉ?

34   Destacado:
COMERCIO JUSTO

36   PRODUCTOS y servicios

38   OFERTA y DEMANDA

40   ¿Por qué ciertas cosas
son más VALIOSAS?

42   Enjambre de INDUSTRIAS

44   Destacado:
SOCIEDAD ANÓNIMA

46   ¿Una sana COMPETENCIA?

48   Y aquí, ¿quién MANDA?

50   La GESTIÓN de la empresa

52   Dirigir una empresa
EFICIENTE

54   Destacado: MOVIMIENTOS
COOPERATIVOS

56   Ir a TRABAJAR

58   CONSUMISMO

60   Recursos y empresas
en la PRÁCTICA

¿El dinero MUEVE EL MUNDO?

64 Quedarse al MARGEN

66 Libre COMERCIO

68 El mundo es PEQUEÑO

70 ALTIBAJOS económicos

72 Destacado: BURBUJAS ECONÓMICAS

74 Si el mercado no FUNCIONA

76 Cuestión de IMPUESTOS

78 ¿Cómo será el FUTURO?

80 Negocio y RIESGO

82 JUGAR sobre seguro

84 Destacado: HIPERINFLACIÓN:

86 ¿Es BUENA la codicia?

88 La decisión CORRECTA

90 Destacado: LA CRISIS DE 2008

92 El coste: la TIERRA

94 Mercados y comercio en la PRÁCTICA

¿El dinero da la FELICIDAD?

98 Medir la RIQUEZA de un país

100 ¿Quién pone el DINERO?

102 Crear DINERO de la nada

104 ¿Por qué hay países POBRES?

106 Destacado: INSTITUCIONES FINANCIERAS INTERNACIONALES

108 ¿Quién gana con la GLOBALIZACIÓN?

110 El problema de la POBREZA

112 Ayuda al DESARROLLO

114 Destacado: SUMINISTRO DE ENERGÍA

116 ¡Hora de PAGAR!

118 Los SALARIOS

120 Nivel de vida y desigualdad en la PRÁCTICA

¿Qué llevas en el BOLSILLO?

124 Lograr el EQUILIBRIO

126 Ganarse la VIDA

128 Tu dinero, a buen RECAUDO

130 ¿De VERDAD... lo necesitas?

132 Presta atención a cada CÉNTIMO

134 ¡Págalo más TARDE!

136 Destacado: PUESTOS Y SALARIOS

138 ¿Cómo lo vas a PAGAR?

140 Dinero de VIAJE

142 Por si ACASO...

144 Hacer PLANES

146 Finanzas personales en la PRÁCTICA

148 Directorio de economistas

152 Glosario

156 Índice y agradecimientos

Todo es **DINERO**

SUELE DECIRSE QUE «EL DINERO MUEVE EL MUNDO» Y ES CIERTO QUE PARECE QUE NO PODAMOS VIVIR SIN ÉL. TODOS LO NECESITAMOS, PERO SON POCOS QUIENES ENTIENDEN REALMENTE QUÉ ES EL DINERO Y POR QUÉ ES TAN IMPORTANTE. ¿POR QUÉ UN BILLETE, UNA MONEDA O UN PEDAZO DE PLÁSTICO NOS PERMITEN COMPRAR LO QUE NECESITAMOS? ¿CÓMO INFLUYE LA ECONOMÍA EN LOS NEGOCIOS Y EN EL EMPLEO? ¿CÓMO AFECTA A NUESTRO ENTORNO, A LA SOCIEDAD Y AL MUNDO? ¿QUÉ DECISIONES DEBEMOS TOMAR PARA PODER LLEVAR LA VIDA QUE QUEREMOS Y ASEGURAR NUESTRO FUTURO?

Si no se hubiera inventado el dinero no tendríamos ninguna otra opción que hacer trueques e intercambiar cosas. Pero ¿hasta qué punto sería práctico hacerlo así?, ¿y cuánto tiempo nos llevaría? La invención del dinero como instrumento de intercambio hace posible que la economía funcione de manera rápida y eficiente y nos permite hacer negocios en todo el mundo. La libra esterlina se usó por primera vez como moneda en Inglaterra bajo el reinado del rey Offa de Mercia (757-796), cuando se fijó que una libra de plata equivalía a 240 peniques de plata. Estados Unidos adoptó el dólar como moneda en 1785, y equivalía a 270 granos de oro o 416 de plata. En cuanto las divisas en papel fueron universalmente aceptadas, la plata y el oro dejaron de utilizarse y fueron sustituidos por los billetes, conocidos también como papel moneda.

Actualmente la economía depende del papel moneda, así como de otras formas de pago, como las tarjetas de crédito o débito y, cada vez más, de los pagos realizados mediante el teléfono móvil.

El dinero es una medida de valor, se utiliza para almacenar valor (en forma de ahorros), y puede usarse para hacer transferencias entre distintas personas. Hoy en día el dinero no solo sirve para facilitar el comercio, sino que se ha convertido en objeto mismo del comercio mundial por razones especulativas. El intercambio de dinero en los mercados financieros internacionales supera los cinco billones de euros al día. ¡Pero menos del 1% corresponde realmente al comercio, y el 99% restante tiene que ver con la compra y la venta... del propio dinero! La economía influye en nuestra vida de muchas maneras: financiando a las empresas y permitiendo que la Administración funcione, pero también en la manera como gastamos los billetes y monedas que llevamos en el bolsillo.

¿Qué hace un
ECONOMISTA?

ECONOMISTAS ACADÉMICOS

Enseñanza de la economía

La economía es una asignatura que tiene mucho éxito entre los estudiantes que quieren hacer carrera en el mundo empresarial o financiero o en la Administración.

La economía como ciencia

Muchos estudiantes de economía siguen sus estudios en la universidad, y algunos se dedicarán a la enseñanza y la investigación de la teoría económica.

ECONOMISTAS DEL SECTOR PÚBLICO

Economista político

Una de las salidas profesionales de la economía es la política. Muchos políticos han estudiado económicas, y la Administración contrata a economistas como asesores políticos.

Economistas de la Administración

La Administración necesita a personas con formación económica, por ejemplo en los Ministerios de Economía y Hacienda. En toda la Administración se requieren economistas.

ECONOMISTAS DEL SECTOR PRIVADO

Banca

Los economistas pueden trabajar en la banca: en bancos comerciales que tratan con particulares o pequeñas empresas, o en bancos de inversión que financian a grandes empresas.

Operadores y analistas

Estudiar económicas es útil para operar en mercados financieros, como la bolsa o los mercados de materias primas, así como para trabajar como analista o asesor empresarial.

LA ECONOMÍA ESTUDIA LAS DISTINTAS MANERAS EN QUE LOS GOBIERNOS, LAS EMPRESAS Y LAS PERSONAS GESTIONAN LOS RECURSOS Y OFRECEN BIENES Y SERVICIOS. ALGUNAS PERSONAS QUE HAN ESTUDIADO ECONÓMICAS TRABAJAN PROPIAMENTE COMO ECONOMISTAS, POR EJEMPLO, COMO ASESORES ECONÓMICOS DE LA ADMINISTRACIÓN O DE UNA EMPRESA, O DANDO CLASES EN LA UNIVERSIDAD. PERO OTROS MUCHOS UTILIZAN SUS CONOCIMIENTOS SOBRE ECONOMÍA DE MANERA MÁS INDIRECTA EN OTRAS PROFESIONES, TANTO EN EL SECOR PÚBLICO COMO EN EL PRIVADO.

Dentro de los estudios económicos existen dos campos principales: la macroeconomía y la microeconomía. La macroeconomía estudia las economías de los países y sus gobiernos.

La microeconomía, en cambio, estudia el comportamiento económico de las personas y las empresas al comprar y vender artículos y servicios.

Los estudiantes de economía suelen estudiar también temas relacionados con ideas económicas, como empresariales, política, derecho y sociología, o incluso filosofía.

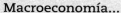 **Macroeconomía...**

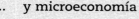 **y microeconomía**

Economía aplicada

Pueden trabajar en organismos internacionales como la ONU o el Banco Mundial, así como en organizaciones humanitarias y benéficas.

Economía del desarrollo

Algunos economistas trabajan como contables o asesores financieros, asesorando a empresas, aseguradoras o personas en temas relacionados con ahorros, impuestos e inversiones.

Las televisiones, radios y periódicos suelen contratar a periodistas especializados en economía para que informen sobre temas de actualidad y analicen las noticias.

Asesores y contables

En la prensa

¡Enséñame el DINERO!

¿Qué es el DINERO?

En el MERCADO

Entender la MONEDA

CAMBIO justo

¿Dónde está el DINERO?

COMPRENDER la economía

El dinero tiene un papel importante en nuestras vidas. Ganamos dinero para poder comprar lo que necesitamos y para ahorrar para el futuro. Intercambiamos dinero por productos y servicios que producen todo tipo de negocios. La economía no solo estudia el dinero, sino también la forma en la que se producen y gestionan estos productos y servicios.

¿Qué es el DINERO?

EL DINERO DESEMPEÑA UN IMPORTANTE PAPEL EN NUESTRAS VIDAS. TRABAJAMOS MUCHO PARA GANARLO Y ALGUNAS PERSONAS ASUMEN ALTOS RIESGOS PARA SACARLE MÁS RENDIMIENTO. A VECES JUZGAMOS EL ÉXITO DE LAS PERSONAS POR EL DINERO QUE TIENEN, Y LOS HAY QUE SUFREN PORQUE NO TIENEN EL SUFICIENTE.

Dinero, dinero, dinero

¿Qué es exactamente el dinero? Cuando pensamos en él, a la mayoría nos viene a la mente el dinero en efectivo –billetes y monedas– que tenemos en el bolsillo o en la cartera. Pero existe otro tipo de dinero. Puedes, por ejemplo, recibir un cheque por correo, un regalo de un familiar o un vale para gastar en una tienda. Puede que tengas una cuenta bancaria en la que guardes la mayor parte de tu dinero, pero que no lo veas nunca más que como una simple cifra en tu extracto bancario. Asimismo existen tarjetas de crédito y de débito y métodos para pagar en línea, y todo ello requiere dinero.

¡Viva el intercambio!

El dinero adopta distintas formas, pero todas tienen algunas cosas en común. La primera y más obvia es que podemos comprar cosas con él. Es lo que los economistas llaman un «medio de intercambio». Si alguien ofrece algo que queremos o necesitamos, podemos ofrecerle algo a cambio. Por ejemplo, una amiga que tiene entradas para un partido de fútbol que no le interesa, y yo le propongo cambiárselas por unos auriculares que me sobran. También puedo vender los auriculares a un tercero y con ese dinero comprar las entradas. El dinero que me dan por los auriculares me es más útil, porque puedo usarlo para comprar todo tipo de cosas, y a personas que quizá no quieran auriculares.

... PARA MEDIR EL VALOR...

EL DINERO SE USA PARA AHORRAR...

EL **DINERO** DESEMPEÑA UN PAPEL **DECISIVO** EN EL CURSO DE LA HISTORIA.
MANIFIESTO COMUNISTA

⬆ ¿Para qué sirve?

El dinero sirve básicamente para tres cosas: como reserva de valor o ahorro, como unidad para calcular lo que vale algo, y como medio de intercambio para comprar bienes o servicios.

... Y PARA CAMBIARLO POR COSAS.

EL AMOR AL DINERO ES LA RAÍZ DE TODOS LOS MALES.

LA BIBLIA DEL REY JACOBO

Ver también: 22–23, 102–103

Valor duradero

El dinero tiene una tercera función muy importante. Pemite ahorrar para el futuro, o como dicen los economista, es una «reserva de valor». Por nuestro trabajo nos pagan con dinero. Si no existiera, nos darían alimentos u otras cosas. Pero si recibes el sueldo en forma de dinero puedes usarlo para comprar comida o ropa, y para pagar las facturas; puedes usarlo para muchas cosas distintas. Si tras comprar lo que necesitas queda algo de dinero, puedes ahorrarlo para más adelante. Hay otras formas de almacenar valores, por ejemplo en obras de arte, propiedades o terrenos, pero el dinero es mucho más flexible y fácil de intercambiar. Para ser útil, el dinero debe conservar su valor a lo largo del tiempo, de manera que podamos usarlo cuando lo necesitemos.

La numismática consiste en estudiar o coleccionar dinero, por ejemplo en forma de monedas y billetes.

Poner un precio

La cuestión sigue siendo cuánto valen las entradas, o los auriculares. A menudo cuesta saber si el intercambio de dos cosas muy distintas es justo, a menos que podamos calcular el valor de ambas. Esa es otra de las funciones del dinero: sirve para poner precio a las cosas, funciona como lo que se conoce como una «unidad de cuenta». El dinero es un sistema de unidades, como son las monedas como los euros, los dólares, las libras o los yenes. Podemos usar esas unidades para poner precio a las cosas, algo que nos permite comparar su valor.

¿TIENE VALOR EL DINERO?

Imagínate que naufragas en una isla desierta. El agua arrastra hasta la playa una maleta repleta de billetes, un cofre de madera lleno de oro y una caja con latas y paquetes de comida. ¿Qué sería más valioso para ti? ¿Valen algo el dinero y el oro si no tienes en qué gastarlos?

En el **MERCADO**

PARA LA MAYORÍA DE LAS PERSONAS UN MERCADO ES UN LUGAR DONDE LOS COMERCIANTES MONTAN SUS PUESTOS PARA VENDER SUS PRODUCTOS, O BIEN UN SUPERMERCADO O CENTRO COMERCIAL. PARA LOS ECONOMISTAS, LA PALABRA «MERCADO» TIENE UN SIGNIFICADO MÁS AMPLIO, E INCLUYE EL INTERCAMBIO DE TODA CLASE DE PRODUCTOS Y SERVICIOS.

En la antigua Grecia, el mercado, plaza o *ágora*, era además el centro neurálgico social y político de la ciudad.

Conseguir lo que necesitamos

En economía, el mercado no es un lugar, sino la forma de conseguir lo que necesitamos, como la comida, la ropa o los electrodomésticos. Es también lo que permite a los productores vendernos esas cosas. Así, un fabricante de bicicletas puede ponerlas a la venta en un puesto del mercado, pero tiene más opciones de venderlas en tiendas o por internet. Son otras formas de ponerlas «en el mercado».

Los mercados surgieron cuando la gente iba a un lugar concreto, el mercado, a comprar y vender cosas. En los puestos, los vendedores ofrecían sus productos

LA OFERTA DEPENDE SIEMPRE DE LA DEMANDA.
ROBERT COLLIER, AUTOR DE AUTOAYUDA

–cosas que habían producido, como alimentos– o servicios –cosas que sabían hacer, como cortar el pelo–. En los pueblos y ciudades actuales, los mercados clásicos son menos frecuentes y han sido sustituidos por centros comerciales, donde se vende de todo, desde alimentos o ropa hasta artículos electrónicos. En las calles y centros comerciales encontramos todo tipo de servicios. Peluqueros, abogados, ópticas y restaurantes ofrecen sus servicios desde sus tiendas y oficinas.

⚙ Productos y servicios

Los proveedores venden todo tipo de productos y servicios que ofrecen en el mercado. Los compradores pueden escoger entre una gran variedad de productos básicos, productos manufacturados y servicios, a menudo interrelacionados.

LOS PRODUCTOS BÁSICOS SE TRANSFORMAN...

... CON PRODUCTOS

Algo especial

Algunos mercados se especializan en un determinado producto. En las localidades costeras, por ejemplo, suele haber una lonja de pescado. En los mercados especializados los productos no suelen venderse al público en general, sino a personas que transformarán los alimentos de un modo u otro. Así, un granjero puede vender su cosecha de maíz a un molinero que lo muele para obtener harina. En estos mercados no se venden solo productos agrícolas. Igual que las lonjas de pescado y de grano surgieron del mercado general, también lo hicieron los mercados para intercambiar mercancías como el hierro, el carbón y los diamantes.

Comprar y vender

Las mercancías que se venden en los mercados especializados se denominan productos básicos. Dichos productos, que abarcan desde café y té hasta metales y plásticos, suelen venderse en grandes cantidades y no se llevan físicamente al mercado. Este no es más que el lugar donde los comerciantes se reúnen para acordar el precio y cerrar el trato. Con frecuencia los comerciantes no compran ni venden para ellos, sino que venden en nombre de productores como los granjeros, o compran en nombre de industrias que transforman las

MERCADOS BURSÁTILES

En el mercado bursátil se compran acciones, o valores, de empresas. Las grandes capitales, como Nueva York, Londres, Tokio o Fráncfort tienen su propia bolsa. También existe un mercado virtual para hacer transacciones electrónicas, el NASDAQ.

mercancías, como las empresas que procesan alimentos. En todos estos mercados, tanto si es un simple puesto, unos grandes almacenes o un mercado de productos básicos, el principio es el mismo. Ofrecen la forma de distribuir los recursos, y de equilibrar la oferta –lo que los vendedores ofrecen– y la demanda –lo que los compradores buscan.

Ver también: 36–37

TODO PRODUCTO BÁSICO, COMO VALOR, VIENE DEL TRABAJO DE LAS PERSONAS.

KARL MARX

MANUFACTURADOS...

... QUE PRECISAN SERVICIOS.

Entender la **MONEDA**

ANTES DE INVENTARSE EL DINERO, HABÍA QUE RECURRIR AL TRUEQUE O INTERCAMBIAR PRODUCTOS Y SERVICIOS. EL ÉXITO DE LA OPERACIÓN DEPENDÍA DE QUE CADA PERSONA TUVIERA ALGO QUE LA OTRA QUISIERA. PARA SUPERAR ESTA LIMITACIÓN, HABÍA QUE ENCONTRAR ALGO QUE TODO EL MUNDO ACEPTARA QUE TENÍA VALOR, UNA MONEDA DE CAMBIO QUE PUDIERA USARSE PARA COMPRAR Y VENDER COSAS.

¿Qué es el valor?

En la Antigüedad se desarrollaron monedas de cambio para sustituir el incómodo sistema del trueque, que dependía de que la persona con la que querías negociar necesitara algo que tú pudieras ofrecerle a cambio. Pero estas monedas no eran como el dinero actual. Se usaban productos básicos necesarios o útiles, como sacos de maíz o cebada, como medio de intercambio. Este «dinero en forma de producto básico» podía usarse para comprar todo tipo de productos, a los que se ponía un precio equivalente a una cantidad determinada de grano. Pero los alimentos no era lo único a lo que se atribuía valor. Muchas sociedades apreciaban las piedras y

> EL ORO SIGUE SIENDO LA PRINCIPAL FORMA DE PAGO EN EL MUNDO.
> ALAN GREENSPAN, EXPRESIDENTE DE LA RESERVA FEDERAL DE ESTADOS UNIDOS

metales preciosos, o incluso las conchas marinas, y también se usaban como moneda de cambio. Una de sus ventajas era que, además de ser reconocidos como valiosos, estos elementos no se deterioraban con el paso del tiempo y resultaban más prácticos que una gran cantidad de grano. En las civilizaciones antiguas del Mediterráneo y de Oriente Medio, el oro y la plata se convirtieron en el principal medio de intercambio y los productos cambiaban de mano por una cantidad establecida de estos metales preciosos.

EL PATRÓN ORO

Los países pasaron a utilizar el patrón oro como una manera de estabilizar su moneda, al fijar el valor de esta respecto de un recurso valioso y escaso: el oro. A una moneda de cambio, como el dólar, se le daba el valor de cierta cantidad de oro. El gobierno, que tenía una reserva de oro, emitía billetes y monedas que luego podían intercambiarse por oro.

Monedas y billetes

Por comodidad, empezaron a producirse piezas de estos metales con pesos específicos, a menudo en forma de pequeños discos fáciles de llevar. Para facilitar las cosas, en cada pieza se estampaba su peso, con lo que se crearon las primeras monedas. Cuando su uso se extendió, empezó a estamparse una marca de autoridad, como la efigie del soberano, como garantía de su peso y calidad. El dinero en forma de monedas acabó adoptándose a nivel mundial y sigue usándose en la actualidad.

EL DINERO YA NO VALE SU PESO EN ORO.

ESTÁ AVALADO POR LOS BANCOS, QUE SE COMPROMETEN A PAGAR EL VALOR DE LOS BILLETES O LAS MONEDAS.

Ver también: 12-13, 22-23, 102-103

La idea de poner el precio a los productos a partir de su valor en oro o plata evolucionó. Al depositar en un banco dinero en forma de monedas, el banco emitía un recibo en un pedazo de papel, que el interesado podía usar después para retirar el dinero. Con el tiempo, estos recibos se aceptaron como dinero, igual que las propias monedas. Este «dinero de papel» en forma de billetes no tenía un valor real en sí mismo, sino que solo garantizaba el pago de una cierta cantidad de monedas de oro o plata.

Moneda de curso legal

Las monedas siguieron usándose, pero también cambiaron. En cuanto quedó claro que el dinero no tenía por qué tener un valor real, los países empezaron a fabricar monedas que no eran de metales preciosos. Estas, al igual que los billetes, valen poco, pero representan una cantidad de dinero, y pueden usarse a cambio de algo valioso. El sistema de usar algo de poco valor como medio de pago se conoce como dinero fiduciario o dinero fiat (que viene de la palabra latina «confianza»). El valor de estas monedas y billetes lo declaran los bancos o gobiernos que los emiten, y queda fijado por ley en la mayoría de los países.

⬆ Oro de papel
Un billete no vale nada por sí mismo, pero garantiza la promesa por parte de un banco de que la cantidad indicada, en su origen de oro, será pagada al portador del billete.

EL PROCESO QUE USAN LOS BANCOS PARA CREAR EL DINERO ES TAN SIMPLE QUE LA MENTE LO RECHAZA.

JOHN KENNETH GALBRAITH

CAMBIO justo

EL DINERO SE USA EN TODO EL MUNDO PARA COMPRAR Y VENDER, PARA PAGAR A LAS PERSONAS POR SU TRABAJO Y PARA PONER PRECIO A LAS COSAS. PERO EL DINERO NO ES IGUAL EN TODAS PARTES. CADA PAÍS O REGIÓN TIENE SU PROPIA UNIDAD MONETARIA, COMO EL EURO, EL DÓLAR AMERICANO, LA LIBRA BRITÁNICA O EL YEN JAPONÉS.

Hay 180 monedas reconocidas por la ONU como de curso legal.

El lenguaje del dinero

Normalmente, el gobierno de un país se encarga de producir el dinero que constituye su moneda. Supervisa las monedas y billetes que fabrica la Casa de la Moneda y que luego distribuirán los bancos. Dado que el gobierno lo autoriza como «moneda de curso legal» (ver p.16), la gente puede confiar cuando lo usa para pagar cosas. Así como cada país tiene su propio idioma, también tiene su propia moneda y los ciudadanos pueden usar el dinero para comprar productos y servicios en su país. Pero como ocurre con el idioma, usar la propia moneda en otros países puede generar problemas. Si viajas al extranjero, para poder comprar cosas debes tener dinero de ese país. Por ejemplo, los neoyorquinos que visitan Barcelona deben cambiar unos cuantos dólares a euros.

El precio del dinero

Muchos de los productos que usamos no se producen en nuestro país, sino que vienen de otros lugares y debemos importarlos. Las empresas, por su parte, venden sus productos por todo el mundo. Este comercio internacional a menudo implica hacer transacciones entre personas que usan monedas distintas. Para ello, debe haber una forma de cambiar el dinero de una moneda a otra. Las personas que viajan a otro país pueden obtener moneda extranjera en un banco o una oficina de cambio, que se dedica a cambiar dinero. Ofrecen dinero a un tipo de cambio determinado –la cantidad de moneda extranjera que te darán por cada euro, por ejemplo–. El tipo de cambio se usa también cuando los países negocian entre sí. Una empresa americana puede vender sus productos en dólares americanos, y los

clientes pueden usar el tipo de cambio para saber a cuánto equivale en su propia moneda, y luego cambiar su moneda por dólares para comprarlos.

Fuerte y débil

Cuando alguien cambia dinero a otra moneda, en la práctica está comprando dinero extranjero. Aunque la idea de comprar y vender dinero pueda parecer extraña, eso es exactamente lo que hacen los bancos y las oficinas de cambio, y el

EL EURO

Tras la Segunda Guerra Mundial, muchos países europeos se unieron para promover la paz y ser socios comerciales. Surgió la idea de una moneda única en la Unión Europea que sustituyera las distintas monedas de los países miembros. En 1999 se creó el euro para las transacciones electrónicas, y en 2002 se emitieron monedas y billetes en los países de la Eurozona.

> EL DINERO SUELE COSTAR DEMASIADO.
> RALPH WALDO EMERSON, ENSAYISTA Y POETA NORTEAMERICANO

tipo de cambio es el precio de ese dinero. En este sentido, las monedas son como cualquier otro producto que se pueda comprar y vender. De hecho, hay mercados especializados en comerciar con cambio de divisas, o «forex». Es en estos mercados donde se fijan los precios de las distintas monedas, y por tanto los tipos de cambio, de acuerdo con la demanda que haya de cada una. Es por ello que los tipos de

cambio pueden variar de un día para otro, modificando el precio de los productos que se comercializan a nivel internacional. No obstante, el tipo de cambio que decide el mercado puede no ser una referencia exacta de lo que podrás comprar con una moneda en el otro país. Las monedas de países más pobres no son tan demandadas como las principales, como el euro, el dólar o el yen, y su valor es menor. Cuando alguien de un país rico viaja a uno de esos países, puede comprar más con su moneda que en su propio país. Así pues, suele haber una gran diferencia entre el «tipo de cambio nominal» que ofrecen los bancos, y el verdadero índice de cambio.

¿Dónde está el

CADA VEZ USAMOS MENOS DINERO EFECTIVO, ES DECIR, LAS MONEDAS Y BILLETES QUE LLEVAMOS EN EL BOLSILLO. EN SU LUGAR PAGAMOS CON TARJETA O INCLUSO CON EL MÓVIL. EN ESAS COMPRAS NO VEMOS NI TOCAMOS EL DINERO QUE GASTAMOS, ESTE NO EXISTE FÍSICAMENTE. ASÍ QUE ES LÓGICO PREGUNTARSE: ¿DÓNDE ESTÁ EL DINERO?

Cuestión de confianza

El dinero físico –monedas y billetes– no vale demasiado por sí mismo. No son más que trozos de papel y metal barato que tienen valor solo porque podemos cambiarlos por las cosas que queremos comprar (ver pp. 16–17). Cuando adquirimos cosas, el vendedor acepta el dinero porque sabe que a su vez podrá cambiarlo por otras cosas. Ese intercambio se basa en una cuestión de confianza. Solo aceptamos esos trozos de papel y metal como pago porque sabemos que podemos usarlos para hacer otros pagos. Cuando pagamos algo con este tipo de dinero estamos garantizando que la otra persona también puede comprar cosas con él. De hecho, los primeros billetes de papel eran precisamente eso –papeles firmados que un banco se comprometía a cambiar por algo con valor real, como el oro–. La idea del «pagaré» derivó a su vez en el sistema de cheques. En lugar de guardar todo el dinero en efectivo, puedes meterlo en una cuenta bancaria y sacarlo en pequeñas cantidades o extender un cheque cuando tengas que pagar algo. El cheque garantiza que el banco pagará

al receptor con dinero de tu cuenta. Pero en la práctica, el dinero físico no cambia de manos. La cantidad de dinero anotada en el cheque se resta de tu cuenta, y se suma a la cuenta de la persona a la que has pagado. En realidad, el banco no mueve ninguna cantidad de oro o plata, ni tampoco de efectivo, de un lado a otro, y se limita a cambiar las cifras de sus registros, sobre el papel o, actualmente, en la memoria de un ordenador.

Formato electrónico

Con los avances tecnológicos, incluso el trozo de papel en el que se extiende un cheque se ha vuelto innecesario. Las tarjetas de crédito y débito con chip han sustituido prácticamente por completo las transacciones en papel. Cuando se hace un pago, el importe se resta de una cuenta y se suma a otra de manera automática.

Menos efectivo ➔
Aunque puede que sigamos usando efectivo para realizar las pequeñas compras, cada vez compramos más en línea o incluso con el móvil.

DINERO?

En lugar de firmar, ahora usamos un PIN (número de identificación personal) o una contraseña. También podemos usar las tarjetas para hacer compras en línea y transferir dinero electrónicamente de una cuenta a otra. Asimismo, lo habitual es que el sueldo o la nómina se ingresen directamente en la cuenta por transferencia electrónica. Cada vez se producen más transacciones electrónicas y, excepto en el caso de compras pequeñas, cada vez usamos menos el dinero en efectivo.

Podemos acceder a nuestras cuentas y hacer compras desde nuestro móvil (ver recuadro inferior). Incluso el efectivo relativamente pequeño que usamos, solemos sacarlo del banco utilizando nuestra tarjeta de débito en un cajero automático.

El 97% del dinero que «existe» actualmente, existe solo de forma virtual.

TODO EL DINERO ES UNA CUESTIÓN DE CREENCIA.
ADAM SMITH

Dinero real

Todavía circula una gran cantidad de dinero en efectivo. Esto se debe en parte a que sigue siendo útil para las pequeñas transacciones diarias. Asimismo, aún hay personas que se fían más de lo que consideran dinero «real», o efectivo, que del dinero invisible e intangible de las transacciones electrónicas. Actualmente, sin embargo, la mayor parte del dinero es «virtual», lo que nos recuerda que el dinero, después de todo, solo vale lo que creemos que vale.

LA MAYOR PARTE DEL DINERO NO EXISTE FÍSICAMENTE

DINERO EN LÍNEA

El dinero, o al menos las monedas y los billetes, sigue siendo útil para hacer pagos pequeños, como el de un café. Pero gracias a las tarjetas inteligentes y a las app de nuestros móviles, incluso ese tipo de transacciones pueden hacerse cada vez más sin efectivo. Es posible que pronto, gracias a las máquinas con reconocimiento facial, dactilar y de voz baste con apretar un botón o dar una orden para hacer un pago.

CRIPTOMONEDAS

LOS AVANCES EN LA TECNOLOGÍA INFORMÁTICA HAN CAMBIADO NUESTRA FORMA DE USAR EL DINERO. PODEMOS COMPRAR COSAS EN LÍNEA EN TODO EL MUNDO, Y EL DINERO ENTRA Y SALE DE NUESTRA CUENTA SIN QUE LO VEAMOS O LO TOQUEMOS. INCLUSO HAY ALGUNAS MONEDAS QUE EXISTEN SOLO EN FORMATO DIGITAL.

MONEDA DIGITAL

Con el aumento de las transacciones en línea, las transferencias electrónicas de dinero cada vez son más frecuentes. Esta idea del «dinero electrónico» inspiró la invención de una serie de monedas nuevas exclusivamente electrónicas en la década de los noventa del siglo xx, como medio de intercambio vía internet. Algunas de estas monedas virtuales solo se aceptan en comunidades virtuales, pero también las hay que se aceptan en el mundo real, como el bitcoin.

MONEDA DESCENTRALIZADA

El dinero cada vez es más «electrónico», ya que en su mayor parte existe solo en la memoria de los ordenadores de los bancos. Pero también se han desarrollado monedas totalmente digitales que no son gestionadas por un banco central. Utilizan sistemas de pago de persona a persona, en los que los usuarios hacen las transacciones directamente. Estas monedas descentralizadas no dependen de los gobiernos, y se basan en la confianza de los usuarios.

El bitcoin se convirtió en 2009 en la primera criptomoneda descentralizada.

«El relativo éxito del **bitcoin** es una muestra de que el **dinero** depende, ante todo, de la **confianza**».

AARON GRUNBERG, COLUMNISTA HOLANDÉS

CRIPTOGRAFÍA

Algunas monedas digitales, en vez de estar avaladas con reservas de oro u obligaciones del Estado, se amparan simplemente en la confianza de sus usuarios. El dinero lo crea la red de los usuarios, que usan la criptografía, un sistema de seguridad de la información con unos códigos muy complejos. La primera de estas criptomonedas, como se las conoce, fue el bitcoin, a la que siguieron otras, que suelen denominarse altcoins.

PUNTO DÉBIL

Como el dinero convencional, el dinero electrónico tiene un punto débil. Los bancos están constantemente actualizando su seguridad informática, pero a menudo los criminales van tan solo un paso por detrás. Las nuevas monedas digitales, incluso las criptomonedas más sofisticadas, no son del todo inmunes a los ciberataques.

ESCUELA CLÁSICA

ESCUELA MARXISTA

ESCUELA NEOCLÁSICA

ESCUELA AUSTRÍACA

ADAM SMITH (1723–1790) «LA RIQUEZA DE LAS NACIONES», PUBLICADO EN 1776

KARL MARX (1818–1883) «EL MANIFIESTO COMUNISTA», PUBLICADO EN 1848; «EL CAPITAL», PUBLICADO EN 1867, 1885, 1894

ALFRED MARSHALL (1842–1924) «PRINCIPIOS DE ECONOMÍA», PUBLICADO EN 1890

FRIEDRICH HAYEK (1899–1992) «CAMINO DE SERVIDUMBRE», PUBLICADO EN 1944

COMPRENDER la

DESDE EL INICIO DE LA CIVILIZACIÓN, LAS PERSONAS HAN BUSCADO LA MANERA DE GESTIONAR SUS RECURSOS Y DISTRIBUIR LOS PRODUCTOS Y SERVICIOS. A LO LARGO DE LOS SIGLOS, SE HAN DADO MUCHAS EXPLICACIONES SOBRE EL FUNCIONAMIENTO DE LA ECONOMÍA Y LA MEJOR FORMA DE GESTIONARLA.

EL 95% DE LA ECONOMÍA ES SENTIDO COMÚN… ENMARAÑADO.
HA-JOON CHANG

Pensamiento ilustrado
El estudio de la economía como lo conocemos hoy surgió a finales del siglo XVIII. En la Ilustración, período en el que los pensadores y científicos cuestionaron las ideas convencionales, Adam Smith (ver p. 32) desarrolló una nueva manera de concebir la economía. Smith, junto con otros pensadores, analizó la forma de producir y comercializar los productos. Hasta entonces se pensaba que comerciar consistía en ganar algo a expensas de otros, pero él planteó que las dos partes podían beneficiarse. Estas ideas sentaron las bases de la economía moderna, y se conocen en conjunto como la Escuela Clásica.

Poder para el pueblo
No es casual que estas nuevas ideas surgieran en el Reino Unido, que estaba pasando de ser un país con una economía principalmente agrícola a ser una de las primeras naciones industrializadas, lo que trasformó su sociedad. La Revolución Industrial trajo consigo mayor prosperidad para los dueños de las fábricas y los talleres, pero también pobreza para los trabajadores de las nuevas industrias. Karl Marx (ver p. 48) pensaba que esto era injusto, y que la economía de mercado era incapaz de distribuir la riqueza de forma equitativa. Propuso que las fábricas y medios de producción fueran arrebatados a sus dueños, capitalistas, y entregados a los trabajadores para que pudieran beneficiarse directamente de su trabajo. Las ideas de Marx fueron adoptadas después por varios estados comunistas, pero muchos economistas las rechazaban, pues creían en el poder del mercado

Ver también: 12–13, 14–15

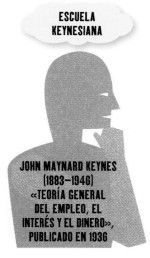

ESCUELA KEYNESIANA

JOHN MAYNARD KEYNES (1883–1946) «TEORÍA GENERAL DEL EMPLEO, EL INTERÉS Y EL DINERO», PUBLICADO EN 1936

ESCUELA DE CHICAGO

MILTON FRIEDMAN (1912–2006) «CAPITALISMO Y LIBERTAD», PUBLICADO EN 1962

ESCUELA DEL COMPORTAMIENTO

HERBERT SIMON (1916–2001) «EL COMPORTAMIENTO ADMINISTRATIVO», PUBLICADO EN 1997 (CUARTA EDICIÓN)

SIEMPRE HA HABIDO DISTINTAS ESCUELAS DE PENSAMIENTO

⊗ **Diferencias de opinión**
En los últimos dos siglos y medio se han dado muchas interpretaciones distintas sobre la economía. Los economistas han expuesto ideas nuevas e inspirado escuelas de pensamiento.

economía

Ver también: 30–31, 66–67

para distribuir recursos. A finales del siglo XIX, Alfred Marshall (1842-1924) y Léon Walras (1834-1910) establecieron la Economía Neoclásica, con principios científicos y matemáticos.

El libre mercado
La Escuela Austríaca de economistas reaccionó ante las ideas de Marx. Friedrich Hayek señaló la incapacidad de los gobiernos comunistas para lograr una economía próspera. La Escuela Austríaca argumentaba que los gobiernos tenían demasiado control, y no dejaban que los individuos ni los negocios funcionaran libremente. Su sugerencia de crear mercados sin ningún tipo de regulación o intervención, una economía de *laissez-faire*, fue adoptada también por economistas como Milton Friedman de la Escuela de Chicago.

Evitar el fracaso
Durante la década de los treinta del siglo XX, la Gran Depresión (ver pp. 74-75) dejó claro que el mercado también podía fallar. Uno de los economistas más influyentes del siglo XX, John Maynard Keynes (ver p. 111), expuso sus teorías, según las cuales un cierto

«**Economía**» viene del griego y significa «administrar el hogar».

control e intervención por parte del gobierno podían ayudar a evitar esos fallos.

Aprender del pasado
Cada una de estas escuelas de pensamiento económico fue producto de su tiempo, pero muchos de los principios todavía pueden aplicarse en la actualidad. Los economistas pueden analizar qué teorías han funcionado en el mundo real, y dedicarse a adaptarlas y mejorarlas.

¿ES UNA CIENCIA LA ECONOMÍA?
Muchos economistas consideran que la economía es una ciencia, pero no es una «ciencia pura» como la física. El dinero no es un fenómeno natural, sino una invención humana influida por nuestro comportamiento y por ideas políticas. No es una ciencia exacta: cuesta demostrar que una teoría económica es o no es correcta.

TARJETAS CLÓNICAS

Uno de los inconvenientes de las monedas y los billetes es que son fáciles de falsificar. A lo largo de la historia, los falsificadores han hecho monedas de «oro» con metales más baratos e impreso billetes falsos. Pero falsificar billetes y monedas es costoso, y clonar tarjetas bancarias puede dar unos beneficios mayores.

NUEVAS IDEAS ECONÓMICAS

Ha habido muchas teorías económicas distintas, algunas de ellas contradictorias. Ello se debe a que la economía va cambiando con los avances tecnológicos y las distintas formas de hacer negocios, de modo que los economistas desarrollan nuevas teorías que encajen en un mundo en constante evolución.

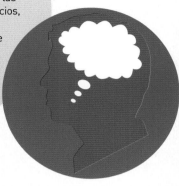

Dinero y economía en la
PRÁCTICA

PREDECIR EL FUTURO

Los economistas describen cómo funciona la economía. Pero la economía no es una «ciencia exacta» que permita demostrar si una teoría es correcta o incorrecta. Algunos plantean cómo debería gestionarse la economía y qué sucederá si actuamos de un modo determinado. Pero es muy difícil hacer pronósticos.

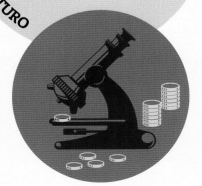

DINERO DE BOLSILLO

Aunque existe el pago electrónico, muchas personas prefieren usar efectivo. Algunos incluso piensan que el efectivo es más fiable, porque pueden verlo y tocarlo. El inconveniente es que podemos perderlo o nos lo pueden robar y, a diferencia de las tarjetas o del dinero electrónico, no está asegurado.

En los países desarrollados suele darse por sentado que los recursos esenciales siempre estarán ahí. Pero en países más pobres un recurso natural como el agua puede escasear. Y si hay suficente, puede no estar repartido equitativamente. Recursos como el petróleo se agotarán algún día. Es tarea de la economía proponer otras formas de gestionar recursos.

RECURSOS FINITOS

MACRO Y MICROECONOMÍA

En el siglo XX, la economía quedó dividida en dos campos: la micro y la macroeconomía. Algunos economistas se centraron en el comportamiento de las personas y las empresas, o microeconomía. Otros se concentraron en la macroeconomía, la economía de un país o del mundo entero.

El dinero y los mercados influyen en nuestra vida cada vez que usamos nuestra cuenta o compramos algo. Los avances tecnológicos están cambiando nuestra forma de usar el dinero, pero los mismos principios rigen tanto si usamos monedas o billetes como al hacer una compra en línea.

La idea de una moneda única a nivel mundial lleva mucho tiempo circulando. Pero no parece fácil que se lleve a cabo. Lo más parecido a ello es el hecho de que el dólar norteamericano es aceptado en algunos países junto con la moneda local, o bien las nuevas monedas virtuales, como el bitcoin.

MONEDA ÚNICA

ATRACO A PLENA LUZ

Hoy en día, los bancos comerciales no suelen disponer de mucho efectivo, así que los atracadores más inteligentes no asaltan un banco a punta de pistola, sino que actúan desde un ordenador, hackeando cuentas bancarias y moviendo el dinero electrónicamente, por eso la prioridad de los bancos es la ciberseguridad.

¿Cuánto VALE?

El PROBLEMA económico

¿Quién recibe QUÉ?

PRODUCTOS y servicios

OFERTA y DEMANDA

¿Por qué ciertas cosas son más VALIOSAS?

Enjambre de INDUSTRIAS

¿Una sana COMPETENCIA?

Y aquí, ¿quién MANDA?

La GESTIÓN de la empresa

Dirigir una empresa EFICIENTE

Ir a TRABAJAR

CONSUMISMO

Los productos que necesitamos nos los suministran empresas, como las agrícolas o las industriales, que nos los venden a través de los mercados. El precio que pagamos por ellos –el valor que les damos– depende de lo escasos o abundantes que sean los recursos, de la demanda que haya de estos y de si esa demanda puede ser bien atendida por la oferta.

El PROBLEMA
económico

Se prevé que en 2050 la población mundial alcance los 9.600 millones de personas.

LA ECONOMÍA NO TIENE QUE VER SOLO CON EL DINERO. ESTE ES PARTE IMPORTANTE, PERO LA ECONOMÍA SE INTERESA POR CÓMO GESTIONAMOS LOS RECURSOS, POR CÓMO USAMOS AQUELLO DE QUE DISPONEMOS PARA SATISFACER LAS NECESIDADES Y DESEOS DE TODO EL MUNDO. ES LO QUE SE SUELE DENOMINAR SIMPLEMENTE «EL PROBLEMA ECONÓMICO».

Lo que queremos y necesitamos

Nuestras necesidades y deseos cambian constantemente y parecen no tener límite, pero contamos con unos recursos limitados para satisfacerlos. Los economistas usan la palabra «escasez» para describir esta situación: se dice que algo es escaso cuando hay menos de lo que se necesita. Si cualquier cosa que quisiéramos fuera ilimitada, no tendríamos problemas para satisfacer nuestras necesidades ilimitadas. Pero los recursos son escasos y se quedan cortos tanto en los países ricos como en los pobres. Existen muchos tipos de recursos que los economistas han identificado como necesarios. Los más evidentes son los recursos naturales, como el agua, que obtenemos del medio

EN LA TIERRA HAY SUFICIENTE PARA SATISFACER LAS NECESIDADES DE TODOS, PERO NO LA CODICIA DE TODOS.

ATRIBUIDO A MAHATMA GANDHI

¡DESASTRE!

Los recursos no están repartidos por el mundo equitativamente y en algunas regiones escasean más que en otras. La comida y el agua, por ejemplo, son abundantes en algunos lugares, mientras que en otros las personas apenas tienen bastante para sobrevivir. A menos que dispongan de otros recursos, como el petróleo, su economía será precaria y vulnerable frente a desastres como la sequía, las malas cosechas o las enfermedades.

CONCILIAR RECURSOS LIMITADOS Y NECESIDADES Y DESEOS ILIMITADOS...

RESOLVER EL PROBLEMA ECONÓMICO ES RESPONDER A PREGUNTAS COMO QUÉ DEBEMOS PRODUCIR, CUÁL ES LA MEJOR MANERA DE HACERLO Y PARA QUIÉN HAY QUE PRODUCIRLO.

Ver también: 32-33, 38-39

ambiente. También lo son las plantas silvestres, o los animales salvajes, que podemos usar como alimento. Además, podemos usar el suelo, cultivándolo para obtener cosechas o excavando minas para extraer materiales como el carbón. A veces se denominan «recursos terrestres», aunque también incluyen cosas que obtenemos del mar, y nos proporcionan materias primas para fabricar los productos que necesitamos. Pero el suelo del planeta es finito y no nos dará recursos ilimitados. Podemos seguir cultivándolo o usar fuentes de energía renovables como el sol o el viento, pero otros recursos acabarán agotándose.

Producir cosas

Algunos recursos no se encuentran en la naturaleza, sino que se producen a partir de materias primas. Estos

recursos se conocen como bienes de capital, e incluyen maquinaria, edificios y medios de transporte, y se usan para producir y distribuir los bienes. Para fabricarlos, necesitamos otro recurso: el trabajo. Los recursos humanos, en forma de trabajadores, son una parte esencial en la producción de bienes y servicios. Además del trabajo físico, los recursos humanos incluyen habilidades, conocimientos e información.

Gestión de los recursos

Toda sociedad tiene acceso a todos o a parte de estos recursos, pero también puede tener una población creciente. Para poder conciliar la demanda con los recursos limitados debemos tomar decisiones y responder a tres preguntas básicas. Primero, ¿qué bienes y servicios hay que producir? Hay muchos recursos que pueden usarse para producir cosas distintas. Por ejemplo, el suelo puede usarse para cultivar alimentos básicos o uva para producir vino, y un gran edificio puede ser un hospital o un hotel de lujo. Segundo, ¿cuál es la mejor manera de producir estos bienes y servicios? Algunos países disponen de pocos recursos naturales, pero gracias a su gran población cuentan con mucha mano de obra. Si se concentran en los productos y servicios que pueden producir de forma más eficaz, podrán obtener el dinero para importar lo que necesitan. Tercero, ¿para quién se producen los bienes y servicios? Es imposible producir todo lo que todo el mundo necesita o quiere, así que cada sociedad debe encontrar la forma de decidir quién se beneficiará de sus recursos, y cómo se distribuirán los productos y servicios entre sus miembros.

¿Quién recibe QUÉ?

ESTÁ CLARO QUE DEBEMOS PRODUCIR COSAS
QUE LA GENTE QUIERA Y NECESITE, PERO
¿CÓMO DEBEMOS REPARTIR LOS RECURSOS?
¿Y CÓMO PODEMOS ASEGURARNOS DE QUE
LOS BIENES Y SERVICIOS QUE PRODUCIMOS
LLEGAN A LAS PERSONAS QUE LOS NECESITAN
Y LOS QUIEREN?

> QUIZÁ LLEGARÁ EL DÍA EN QUE HAYA **BASTANTE PARA TODOS, Y LA PROSPERIDAD SE INCORPORE AL DISFRUTE DE NUESTRAS LABORES.**
>
> **JOHN MAYNARD KEYNES**

¿Quién decide?

No disponemos de una cantidad ilimitada de recursos como el suelo y el trabajo. El problema es que estos pueden usarse para producir distintas cosas, así que debemos decidir cuál es la mejor forma de usarlos para satisfacer nuestras necesidades y deseos. Además de este reparto de recursos, está la cuestión de quién debería recibir las cosas que se producen, de cómo deberían distribuirse los productos y servicios. Encontrar una solución al «problema económico» de adecuar los recursos a las necesidades y deseos es importante para el bienestar de toda comunidad. Dado que los gobiernos tienen el deber de velar por el bienestar de los ciudadanos tal vez sean ellos los que deban decidir cómo se reparten los recursos.

En 2007, el billete de 20 libras emitido por el Banco de Inglaterra incorporó el retrato de Adam Smith.

La solución de Smith

Un economista escocés del siglo XVIII, Adam Smith (ver pp. 24–25), decía que si bien esta decisión debía tomarse pensando en el bien de toda la comunidad, era mejor que la tomaran individuos que actuaran en beneficio propio. Aunque la idea pueda parecer ilógica, Smith aducía que lo que determina cómo se reparten los productos es la forma en que se venden y se compran los productos y servicios. En un mercado, cuando las cosas se compran y venden, los comerciantes y los clientes no piensan en lo que es mejor para la comunidad en su conjunto, sino solo en lo que es bueno para ellos. Los clientes salen a comprar lo que necesitan o quieren, para satisfacer sus propios intereses. Los proveedores venden sus productos, no por razones cívicas, sino porque quieren ganar dinero. Solo venden si hay clientes que quieran sus productos, así que producen cosas para las que hay mercado y dejan de producir aquello para lo que no hay demanda. Es el mercado, a través de las transacciones individuales, el que ajusta los productos a las necesidades y deseos de los clientes. Smith lo describía como una mano invisible que nos guía hacia el reparto más eficaz de los recursos, y hacia una distribución justa de los productos y servicios. Cada individuo, ya sea como cliente o como proveedor, toma decisiones perfectamente racionales acerca de lo que compra o vende, en su propio interés, pero estas colectivamente son buenas

ADAM SMITH (1723–1790)

El escocés Adam Smith es considerado el padre de la economía moderna. Fue profesor de filosofía en la Universidad de Glasgow y formó parte de un grupo en el que se encontraba el filósofo David Hume. En la década de los sesenta del siglo XVIII, viajó a Francia y empezó a trabajar en su obra *Investigación sobre la naturaleza y las causas de la riqueza de las naciones*, que finalizó en 1776.

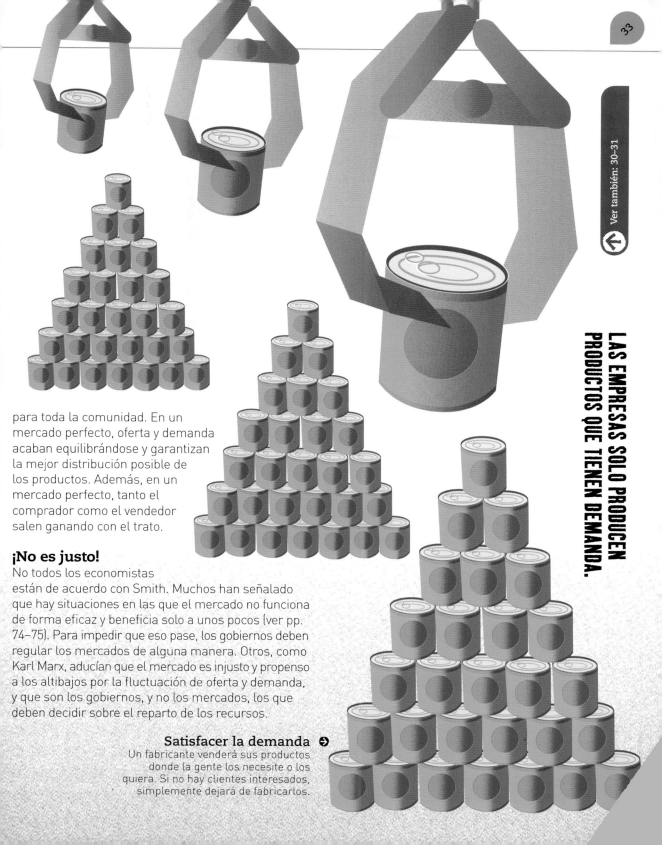

Ver también: 30–31

LAS EMPRESAS SOLO PRODUCEN PRODUCTOS QUE TIENEN DEMANDA.

para toda la comunidad. En un mercado perfecto, oferta y demanda acaban equilibrándose y garantizan la mejor distribución posible de los productos. Además, en un mercado perfecto, tanto el comprador como el vendedor salen ganando con el trato.

¡No es justo!

No todos los economistas están de acuerdo con Smith. Muchos han señalado que hay situaciones en las que el mercado no funciona de forma eficaz y beneficia solo a unos pocos (ver pp. 74–75). Para impedir que eso pase, los gobiernos deben regular los mercados de alguna manera. Otros, como Karl Marx, aducían que el mercado es injusto y propenso a los altibajos por la fluctuación de oferta y demanda, y que son los gobiernos, y no los mercados, los que deben decidir sobre el reparto de los recursos.

Satisfacer la demanda ➡

Un fabricante venderá sus productos donde la gente los necesite o los quiera. Si no hay clientes interesados, simplemente dejará de fabricarlos.

COMERCIO JUSTO

MUCHAS PERSONAS PIENSAN QUE EL COMERCIO DEBERÍA SER JUSTO Y LIBRE. EN EL COMERCIO JUSTO LAS EMPRESAS NO SE LIMITAN A VENDER PRODUCTOS AL MEJOR PRECIO. ADEMÁS DEBEN CONSIDERAR EL IMPACTO QUE SU NEGOCIO TIENE, POR EJEMPLO, EN LAS CONDICIONES DE TRABAJO DE SUS EMPLEADOS O EN EL MEDIO AMBIENTE.

Actualmente, más de una quinta parte del café es de comercio justo.

PRONÚNCIATE

Los consumidores pueden presionar a las empresas mediante boicots. En 2013, la fábrica de ropa Rana Plaza de Bangladés se vino abajo, causando la muerte de más de 1.100 personas. Primark y Benetton, a las que la fábrica suministraba, debieron hacer frente a protestas. Desde entonces, se presiona a las marcas de ropa para que velen por la seguridad de las fábricas donde producen e informen sobre la procedencia de sus productos.

COMPRA ÉTICA

Para que haya un consumo responsable los compradores deben presionar a las empresas para que actúen bien. De ese modo, estas responderán ofreciendo productos procedentes de «fuentes sostenibles». Al escoger un banco debemos evitar los que invierten en el tráfico de armas o en industrias contaminantes. Los bancos éticos tienen en cuenta el impacto ambiental y social a la hora de hacer inversiones y préstamos.

⬆ Un delicado equilibrio

Comerciar de forma justa significa conciliar los efectos del negocio sobre el entorno y los trabajadores involucrados con la necesidad de generar un beneficio.

«Con el **comercio justo**, los agricultores reciben un **precio justo** por su cosecha, con un mínimo garantizado».

NELL NEWMAN, ECOLOGISTA ESTADOUNIDENSE

COMERCIO JUSTO

El movimiento para un comercio justo surgió en los años noventa del siglo XX para impedir que los productores de café y plátanos de países pobres se arruinaran a causa de los bajos precios del mercado. Las organizaciones de comercio justo garantizan a los proveedores un precio justo. A cambio, los proveedores se aseguran de que los trabajadores tengan un sueldo y unas condiciones laborales apropiados.

EXPLOTACIÓN

Para ser competitivas, las empresas reducen costes y a veces no cuidan las condiciones laborales de sus trabajadores. En los últimos años, los consumidores del mundo desarrollado se han dado cuenta de que muchos de los productos que compran a bajo precio en las tiendas, como ropa y productos electrónicos, se producen en fábricas que no tienen en cuenta la seguridad y con mano de obra infantil o incluso esclavizada. Eso ha obligado a las empresas a cambiar sus métodos de producción y a ser más transparentes.

PRODUCTS

PRODUCTOS

EN LA ECONOMÍA, LAS COSAS QUE SE COMPRAN Y SE VENDEN SE DENOMINAN BIENES O PRODUCTOS. ESTOS INCLUYEN PRODUCTOS BÁSICOS COMO LOS ALIMENTOS Y PRODUCTOS MANUFACTURADOS COMO LOS ORDENADORES. HAY TAMBIÉN BIENES INTANGIBLES QUE NO PUEDEN VERSE O TOCARSE FÍSICAMENTE, COSAS QUE SE HACEN A CAMBIO DE DINERO: SE TRATA DE LOS SERVICIOS.

Objetos de deseo

Los productos son cosas que la gente quiere o necesita, cosas útiles o deseables. Pero, sobre todo, cosas que considera lo bastante valiosas como para pagar por ellas, para comprarlas. Mientras haya personas que quieran comprar estos productos, habrá otras personas que se ganarán la vida suministrándolos. La oferta del mercado, a diferencia de la demanda –los clientes– la integran distintos tipos de empresas que producen distintos tipos de productos. Los granjeros ofrecen ganado y productos agrícolas que obtienen cultivando el suelo. Otros usan el suelo para provisionarnos de otros productos necesarios. Las compañías mineras, por ejemplo,

POCO MÁS DEL 5% DE LA POBLACIÓN MUNDIAL PRODUCE CASI EL 29% DE LOS BIENES DEL MUNDO.

STEPHEN COVEY, «LOS SIETE HÁBITOS DE LA GENTE ALTAMENTE EFECTIVA»

extraen del subsuelo materias primas para obtener metales y otros minerales. Otras compañías excavan para extraer carbón o perforan la tierra a fin de encontrar petróleo y gas con el objetivo de poder suministrarnos energía.

LAS EMPRESAS OFRECEN PRODUCTOS Y SERVICIOS

BIENES

Producir y hacer →
Las personas trabajan en distintos sectores, aportando materias primas, produciendo bienes manufacturados u ofreciendo servicios.

y servicios

Productos manufacturados

Además de la comida, la mayoría de los productos que compramos son productos manufacturados, es decir, que están hechos con materias primas. Las industrias manufactureras producen una gran variedad de bienes de capital (ver el recuadro inferior) y bienes de consumo, desde ropa o artículos domésticos como los muebles, hasta electrodomésticos como lavadoras y hornos, o coches. Casi todo lo que compramos son productos que han sido manufacturados de algún modo, ya sea por parte de una gran fábrica que produce en masa determinados productos, o de un pequeño taller que hace artículos artesanales o de lujo. Además de los productos manufacturados que tenemos en casa, necesitamos una casa en la que vivir. Los edificios son también un tipo de mercancía que produce el sector de la construcción. Además de proporcionar viviendas, este sector produce edificios de uso comercial, como fábricas, oficinas, hoteles, estaciones de tren y tiendas.

Sector servicios

Así como la industria agrícola y minera suministran materias primas, y las industrias manufactureras y de la construcción producen bienes físicos, existe un tercer sector que no produce bienes tangibles, es decir, algo que el comprador puede poseer y conservar físicamente. Se trata de las empresas de servicios. Algunos servicios están relacionados con bienes físicos, como en el caso del transporte, que recoge productos en una granja o fábrica para llevarlos a los clientes. Existen también muchos tipos de negocios minoristas, que compran productos a los fabricantes para venderlos en su tienda. El sector servicios incluye asimismo negocios que ofrecen cosas tan sencillas como un corte de pelo o un trayecto en taxi, servicios básicos como la sanidad o la educación, servicios de reparación de automóviles o el mantenimiento de un edificio. Muchos de estos servicios los usamos a diario, como el transporte público y las telecomunicaciones, o los servicios bancarios y los seguros. Otros, como los hoteles, los teatros y los cines, los usamos con menor frecuencia y los consideramos pequeños lujos que nos permitimos en nuestro tiempo de ocio.

Trabajar para servir

En la actualidad, cada vez son más quienes se dedican al sector de los servicios, especialmente en los países más ricos. Ello se debe en parte a que gracias a la mecanización, las antiguas industrias agrícolas y manufactureras son más eficientes, y por tanto necesitan menos trabajadores. Pero también a que nuestras necesidades han cambiado porque ahora disponemos de más tiempo libre.

BIENES DE CAPITAL

Los bienes que vemos más a menudo son los bienes de consumo, las cosas que se venden en las tiendas. Pero también hay otras cosas, como la maquinaria, los edificios y el transporte, conocidos como bienes de capital, que se producen para las industrias y se usan en la fabricación de bienes de consumo y en los servicios.

OFERTA y DEMANDA

CONSUMIDORES Y PRODUCTORES VAN AL MERCADO PARA COMPRAR Y VENDER LOS PRODUCTOS. SUS TRANSACCIONES AJUSTAN LA DEMANDA –LA CANTIDAD DE PRODUCTOS QUE QUIERE EL COMPRADOR– A LA OFERTA –LA CANTIDAD QUE OFRECE EL VENDEDOR–. PERO EL PRECIO DE LOS PRODUCTOS INFLUYE TAMBIÉN EN LA OFERTA Y LA DEMANDA.

> **CUANTO MÁS SE OFRECE DE ALGO MÁS BAJO ES EL PRECIO AL QUE ENCONTRARÁ COMPRADORES.**
> ALFRED MARSHALL

Cerrar un trato

En un mercado callejero tradicional los productos no tienen un precio fijo. Los comerciantes cuentan con que los clientes regateen para negociar un precio bueno para ambos. Los compradores consideran lo mucho que necesitan los productos, y cuánto están dispuestos a pagar. Los vendedores sopesan hasta dónde están dispuestos a bajar el precio sin perder dinero en la venta. La interacción entre el comprador y el vendedor determina el precio, que se ve afectado por la cantidad de productos disponibles, la oferta, y por el número de clientes que la quieren, la demanda. Para que la venta funcione, no obstante, debe tratarse de un mercado competitivo en el que haya más de un proveedor de productos y más

de un comprador. Así el comprador puede curiosear, comparar precios y usarlos para conseguir un buen trato. Los vendedores compiten para ofrecer el precio más bajo, y se benefician si sube la demanda y los productos escasean.

El momento adecuado

El precio de los productos está relacionado con la oferta y la demanda. Por ejemplo, los agricultores producen trigo que pueden vender a los molinos para producir harina. En época de cosecha, el trigo abunda y los agricultores tienen más trigo del que los molinos necesitan. La oferta supera a la demanda y hay excedente, así que los proveedores bajan precios para intentar vender más. En invierno, la demanda de harina es la misma, pero los agricultores no tienen tanto trigo como necesitan los molinos. Entonces estos están dispuestos a pagar más por el trigo y el precio sube. Lo mismo ocurre con el resto de los productos y servicios.

> Precio: lo que el comprador paga por los productos.
> Coste: lo que el vendedor ha pagado para llevar sus productos al mercado.

Ver también: 30-31, 32-33

CUANDO LOS PRODUCTOS ESCASEAN, LOS COMPRADORES COMPITEN Y EL PRECIO SUBE

SI HAY EXCEDENTES, EL PRECIO BAJA PARA ATRAER AL CLIENTE

El impacto del precio

Pasa lo mismo al revés: el precio influye en la oferta y la demanda, y los precios bajos hacen que los productos sean más atractivos para los compradores, y favorecen un aumento de la demanda. Los precios más altos desaniman a los compradores, pero favorecen el aumento de la oferta.

En un mercado competitivo, las fluctuaciones de oferta y demanda y de los precios compensan continuamente la escasez y los excedentes. En un mercado perfecto, eso significa que los niveles de oferta y demanda están siempre equilibrados, y eso se refleja en el precio de los productos.

CREACIÓN DE DEMANDA

Los productores no siempre suministran productos para los que hay demanda. Las empresas, cuando tienen un nuevo producto, intentan crear demanda para este. Se anuncian confiando en convencer a la gente de que compre cosas que no sabían que necesitaban o querían, sobre todo si las ofrecen a un precio aparentemente de ganga.

Si la demanda se mantiene pero la oferta aumenta, habrá un excedente y el precio bajará. Si la demanda se mantiene y la oferta disminuye, habrá escasez y los precios subirán. En el caso de los productos cuyo suministro es constante, lo que influye en el precio son los cambios en la demanda: si la demanda baja, hay excedente y el precio cae, pero si la demanda sube, hay escasez y los precios suben.

¿Por qué ciertas VALIOSAS?

EL PRECIO DE LOS PRODUCTOS QUE SE VENDEN EN UN MERCADO VIENE DETERMINADO POR LA OFERTA Y LA DEMANDA. PERO EL VALOR DE ALGO, LO QUE CREEMOS QUE VALE REALMENTE, DEPENDE TAMBIÉN DE OTRAS COSAS. Y DICHO VALOR INFLUIRÁ EN LAS DECISIONES QUE TOMEMOS.

Menos es más

Cuando los productos son abundantes, su precio es más bajo que cuando escasean. Es fácil no dar importancia a las cosas que son fáciles de encontrar en todas partes, y no valorarlas demasiado. Incluso hay cosas, como el aire que respiramos, que se conocen como «bienes gratuitos». Significa que podemos disponer siempre de ellas gratuitamente. Por otro lado, hay cosas que son mucho menos comunes, como el oro o los diamantes, por las que estaríamos dispuestos a pagar grandes sumas. Ya que la oferta de estos productos es mucho menor que la demanda, se dice que tienen un «valor de escasez». Así pues, cuanto menos hay de algo, más valor tiene; y cuanto más hay de algo, menos valor tendemos a otorgarle.

La paradoja del valor

Si mientras paseas junto al río ves un diamante que reluce entre los guijarros, lo más probable es que lo cojas y te lo lleves a casa. Lo harás porque crees que es algo valioso. Más que el resto de las piedras y, por supuesto, más que el agua del río. Pero en cierto sentido tu idea sobre lo que es valioso y lo que no lo es no parece demasiado lógica. El agua es esencial para la vida, pero no la valoramos tanto como un diamante, que no tiene un uso práctico inmediato. La respuesta a esta «paradoja del valor» es que el diamante tiene valor de escasez, mientras que el agua no. El agua es gratis y abundante.

¿Qué sentido tiene?

Obtenemos satisfacciones distintas de estos dos productos. La satisfacción que consigues al tener y usar un producto se conoce como «utilidad», y cambia según la cantidad del producto que consumes. Si durante tu paseo por la orilla del río tienes sed, el primer trago de agua será el más gratificante, y luego cada sorbo lo será un poco menos. La primera vez que te encuentras un diamante resulta muy

BIENES DE GIFFEN

El economista escocés Robert Giffen (1837–1910) señaló que ciertos productos no parecen seguir las reglas de la oferta y la demanda. La demanda de los denominados «bienes de Giffen» crece cuando su precio sube. Por ejemplo, las personas con poco dinero compran más pan cuando su precio sube, pues llega un momento que no pueden permitirse otros alimentos más caros.

cosas son más

emocionante, pero como para encontrar otro deberás dedicar tiempo y esfuerzo, el siguiente que encuentres no será tan excitante. Cuanta más cantidad hay de algo, mayor es la pérdida de utilidad marginal, o la satisfacción que obtienes cada vez que lo usas. En economía, se dice que la utilidad marginal de cada gota de agua adicional es muy baja, pero la utilidad marginal de cada diamante adicional es muy alta.

Oportunidad y tiempo

Otra forma de explicar nuestra forma de valorar las cosas es en función de lo que nos cuestan. No del precio que se les pone, sino de aquello a lo que debemos renunciar para conseguirlas. Imagina que tienes que escoger entre comprarte una bicicleta nueva o usar ese dinero para sacarte el carné de conducir. Si decides aprender a conducir, renuncias a la posibilidad de montar en tu nueva bici, pero a la larga sales ganando porque aprendes una habilidad para toda la vida. Aquello a lo que renuncias –el «coste de oportunidad»– determina el valor de aquello con lo que decides quedarte.

Algunos economistas explican el valor de los productos y los servicios de otra forma. Opinan que el verdadero valor de una cosa depende de la cantidad de trabajo que ha sido necesario para producirla. Así, el valor de los productos manufacturados, coches y ordenadores, por ejemplo, dependerá del número de personas que hayan intervenido en su fabricación y de la cantidad de trabajo que estas les hayan dedicado. Esto se conoce como la teoría del valor del trabajo y los primeros en explicarla fueron Adam Smith (ver p. 32) y otros

... VALORARÍAMOS EL AGUA MÁS QUE LOS DIAMANTES.

La paradoja del valor
Cosas de muy poca utilidad práctica, como los diamantes, se valoran más que otras de primera necesidad, como el agua.

El diamante tallado más grande del mundo es el *Golden Jubilee*, que pesa 545,67 quilates (109,13 g) y está valorado entre 4 y 12 millones de euros.

economistas clásicos. Es también una idea importante en la economía marxista, según la cual dos productos que precisen la misma cantidad de tiempo y trabajo deberían costar lo mismo. Si el coste de comprar un producto es mayor que el valor que el comprador da al tiempo que llevará hacerlo, entonces es posible que el comprador decida hacerlo él mismo.

Enjambre de
INDUSTRIAS

Ver también: 14-15, 36-37

LA PALABRA «INDUSTRIA» NOS SUGIERE IMÁGENES DE FÁBRICAS LLENAS DE RUIDOSA MAQUINARIA. ESTE TIPO DE INDUSTRIA MANUFACTURERA PESADA SURGIÓ EN EL SIGLO XVIII Y TRANSFORMÓ LA ECONOMÍA Y LA SOCIEDAD. HOY EN DÍA, LOS AVANCES TECNOLÓGICOS ESTÁN VOLVIENDO A TRANSFORMAR NUESTRA FORMA DE PRODUCIR BIENES Y SERVICIOS.

Trabajar por un salario

Antes de inventarse la maquinaria, la mayoría de la gente trabajaba en el campo, que estaba en manos de unas pocas familias nobles o de la realeza. Los campesinos cultivaban la tierra y criaban animales para obtener alimentos, ropa y combustible. La agricultura, y en menor medida la extracción de metales y minerales, era la base de la economía, y en muchos países pobres sigue siendo así. Las cosas cambiaron drásticamente con la llegada de la mecanización. Las fábricas de tejidos y los molinos podían producir grandes cantidades de ropa y harina

> NO ESTÁ CLARO QUE LOS INVENTOS MECÁNICOS LOGRADOS HASTA AHORA HAYAN FACILITADO REALMENTE EL TRABAJO DE LAS PERSONAS.
> JOHN STUART MiLL

respectivamente, y aparecieron fábricas capaces de producir en masa todo tipo de productos manufacturados. Las fábricas proporcionaban trabajo, y mucha gente se vio atraída por la posibilidad de ganar dinero, en lugar de seguir viviendo de la tierra. Al trasladarse desde el campo hasta donde estaba el trabajo, las ciudades crecieron.

Crecimiento y prosperidad

El sistema económico también cambió. En lugar de dedicarse a producir alimentos para los grandes terratenientes y guardar una parte para ellos, los trabajadores empezaron a recibir un sueldo de las fábricas. Sus propietarios constituían una nueva clase de empresarios y poseían los medios de producción, es decir, los edificios y la maquinaria. Estos se conocen también como bienes de capital, y por eso los propietarios pasaron a llamarse capitalistas,

LA REVOLUCIÓN INDUSTRIAL

En el siglo XVIII, el ritmo de los avances científicos se aceleró en Gran Bretaña, y ello trajo inventos como el de la máquina de vapor, que revolucionó la forma de fabricar los productos. La mecanización de fábricas y molinos, así como la introducción del ferrocarril, generaron nuevas industrias y provocaron un cambio drástico en la estructura económica de la sociedad.

LA INDUSTRIALIZACIÓN PROPICIÓ EL CAPITALISMO Y TRAJO EL CRECIMIENTO ECONÓMICO

◉ La industria impulsa la economía

En el mundo moderno, los productos y los servicios los producen una gran variedad de industrias –desde agrícolas hasta negocios en línea– que son esenciales para la prosperidad y el crecimiento económico.

En algunos países ricos, las empresas de servicios están reemplazando la agricultura y las industrias manufactureras tradicionales, hasta tal punto de que hay quien piensa que estamos entrando en una era «posindustrial». Los productos pueden importarse en vez de fabricarse, pero incluso las comunidades cuya economía se basa sobre todo en el sector servicios necesitan viviendas, alimentos y productos manufacturados. Hasta los países tecnológicamente más avanzados siguen conservando industrias tradicionales en los sectores agrícola, manufacturero y de la construcción para su propio uso, o para exportar.

Ver también: 48–49, 56–57

y el nuevo sistema, capitalismo. Esta nueva industria y el sistema capitalista que trajo consigo se extendieron por Europa y América. Con la mecanización, los productos se producían de forma más barata y en mayores cantidades, lo que trajo prosperidad a la clase capitalista. Pero no se beneficiaron únicamente las industrias manufactureras. La agricultura, la minería y la construcción también se mecanizaron cada vez más, reduciendo los costes y aumentando la producción. Estas industrias necesitaban servicios como la construcción y el mantenimiento, o las operaciones bancarias y los seguros. A medida que la sociedad se enriquecía, cada vez eran más los que podían gastar dinero en bienes y servicios que antes eran vistos como lujos.

> La agricultura ocupa todavía a cerca de un 40% de la población activa mundial.

¿Qué viene después?

A finales del siglo xx, la tecnología electrónica trajo más cambios. Los ordenadores y la tecnología de la información revolucionaron muchos de los servicios de las industrias, como las operaciones bancarias, y con la llegada de internet surgieron nuevas industrias, las redes sociales y el comercio en línea.

AGRICULTURA Y ARTESANÍA

INDUSTRIAS MANUFACTURERAS

ORDENADORES Y TECNOLOGÍA DE LA INFORMACIÓN

SOCIEDAD ANÓNIMA

MUCHAS GRANDES EMPRESAS SON SOCIEDADES ANÓNIMAS. OBTIENEN CAPITAL PARA LLEVAR A CABO SU NEGOCIO REPARTIENDO LA PROPIEDAD EN ACCIONES QUE VENDEN AL PÚBLICO. UNA SOCIEDAD ANÓNIMA ES PROPIEDAD DE SUS ACCIONISTAS, QUE ELIGEN UNA JUNTA DIRECTIVA PARA QUE GESTIONE LA EMPRESA POR ELLOS.

RESPONSABILIDAD LIMITADA

Si la empresa quiebra y acumula grandes deudas, los accionistas solo deben asumir el coste de su inversión inicial. Es la empresa la que debe hacerse cargo de las deudas. Eso se conoce como «responsabilidad limitada». Esta es la norma en la mayoría de los países, pues el riesgo de un posible desastre financiero desmotivaría a muchos inversores si tuvieran que asumir todas las deudas de la empresa.

«No podemos esperar que los **directivos** de estas empresas **cuiden del dinero de otros** con el mismo **interés** y **preocupación** con que **cuidan del suyo**».

ADAM SMITH

ACCIONISTAS

A cambio de su inversión, todos los accionistas reciben un pago anual o «dividendo», que varía según los beneficios de la empresa. Tienen voz y voto en la forma de dirigir la empresa. Los directivos gestionan la compañía en el día a día, pero los accionistas pueden utilizar su influencia para que la empresa mantenga una determinada línea.

← **Una porción de la tarta**
Para recaudar dinero, las empresas venden partes de su empresa. Quienes compran una porción se convierten en accionistas con capacidad para influir en la forma de gestionar la empresa.

CONCURSO DE ACREEDORES

Cuando una empresa no puede pagar sus deudas, puede declararse en concurso de acreedores ante un juzgado mercantil. No se trata de un castigo, sino de una protección jurídica que la ayuda a intentar recuperarse y, en el peor de los casos, lograr un cierre ordenado del negocio que permita recuperar a los acreedores, en la mayor medida posible, el dinero que la empresa les adeuda.

Entre 1997 y 2012, el número de empresas cotizadas en bolsa en EE.UU. se redujo casi a la mitad.

CAPTAR CAPITAL

Las empresas acuden a los inversores para aumentar significativamente su capital a fin de poder crecer. Los accionistas ponen dinero comprando acciones o comprando bonos (préstamos directos de dinero a la compañía). Tanto las acciones como los bonos pueden venderse y comprarse, con total independencia, en los mercados bursátiles y de obligaciones. Así, la propia empresa se convierte en un producto con el que se puede comerciar.

¿Una sana COMPETENCIA?

LA COMPETENCIA ENTRE COMERCIANTES ES UN ELEMENTO CLAVE DEL LIBRE MERCADO. UN MERCADO COMPETITIVO BENEFICIA AL CONSUMIDOR, PUES OBLIGA A LOS VENDEDORES A MANTENER PRECIOS BAJOS PARA PODER VENDER SUS PRODUCTOS. A SU VEZ, ANIMA A LOS PRODUCTORES A TRABAJAR DE FORMA MÁS EFICAZ, REDUCIENDO COSTES Y AUMENTANDO LA PRODUCTIVIDAD, BUSCANDO EL MODO DE HACER MEJORES PRODUCTOS.

> El mercado de un producto con muchos vendedores y un único comprador se llama monopsonio.

MONOPOLIOS

Cuando tan solo hay un vendedor que ofrezca un producto determinado, se dice que tiene el monopolio de ese producto. Al no tener que competir con otros en el precio, generalmente el consumidor tiene que pagar más por el producto. La falta de competencia lleva asimismo a que los monopolios no tengan que preocuparse por que su negocio resulte eficiente.

Libre mercado

No solo el consumidor sale ganando en los mercados competitivos. A la larga, los productores también se ven recompensados con más ventas y con empresas más productivas. Las empresas eficaces son buenas para la sociedad, ya que hacen que sea más próspera y capaz de competir en el mercado mundial. La idea de un mercado libre es muy simple: permite que compradores y vendedores interactúen libremente

Apto para el mercado ➔

En una economía de libre mercado, las empresas compiten unas con otras por el negocio, lo que hace que sean más eficaces y puedan ofrecer el mejor trato a sus clientes.

y hagan tratos que beneficien a todos. En la práctica hacen falta ciertas reglas para evitar que alguien se aproveche del mercado. La mayoría de los países tienen leyes que regulan el comercio para proteger a los consumidores y a los trabajadores.

Libre... ¿hasta qué punto?

Los economistas tienen opiniones distintas. Algunos dicen que lo mejor para las empresas es poder operar sin ningún tipo de intervención en una economía de mercado totalmente libre, también conocida como economía de *laissez-faire* (vocablo francés que significa «déjales hacer»). Por otra parte, hay quienes dicen que el gobierno debe tener un control absoluto con una economía centralizada o «dirigida». Karl Marx (ver p. 48) señaló lo injusta que era una economía de mercado que beneficiaba a los propietarios capitalistas en prejuicio de la clase trabajadora. En su lugar, propuso una sociedad comunista, que además de poseer las fábricas y los medios de producción colectivamente pudiera planificar la producción y distribución de los productos de forma centralizada, en vez de dejarlas en manos de las fuerzas del mercado.

EN EL ÁMBITO ECONÓMICO NUNCA HAY UNA FALTA TOTAL DE COMPETENCIA, PERO ESTA CASI NUNCA ES PERFECTA.

JOSEPH SCHUMPETER

La postura intermedia

En el siglo xx, las ideas de Marx sobre una economía planificada fueron adoptadas por varios estados comunistas, con distintos grados de éxito. También fueron criticadas por economistas como el austrohúngaro Ludwig von Mises, quien aducía que las economías dirigidas no podían afrontar los cambios en la oferta y la demanda con la misma rapidez que el mercado, y provocaban enormes superávits y escaseces devastadoras. La mayoría de las economías están a medio camino entre ambos extremos. John Maynard Keynes (ver p. 111) reconocía los puntos fuertes de los mercados competitivos, pero pensaba que el gobierno debía intervenir para minimizar los efectos de los altibajos económicos, especialmente en épocas de crisis.

Ver también: 48-49, 52-53, 64-65

OFRECER EL MEJOR PRODUCTO AL MEJOR PRECIO

Y aquí, ¿quién MANDA?

CON LA LLEGADA DE LA INDUSTRIA, LA ARISTOCRACIA TERRATENIENTE QUE SE HABÍA ENRIQUECIDO GRACIAS A LA ECONOMÍA AGRÍCOLA DEJÓ DE TENER EL PODER ECONÓMICO. LAS FÁBRICAS ERAN PROPIEDAD AHORA DE FAMILIAS, INDIVIDUOS O SOCIEDADES. ACTUALMENTE, LA MAYORÍA DE LAS GRANDES EMPRESAS SON PROPIEDAD DE MUCHOS ACCIONISTAS Y ESTÁN GESTIONADAS POR DIRECTIVOS.

La unión hace la fuerza

La idea de la copropiedad es anterior a la Revolución Industrial, cuando las empresas se unían para comerciar a nivel internacional. Cuando las industrias empezaron a producir productos a gran escala, la gente comenzó a asociarse para recaudar el dinero necesario y compartir los beneficios. Siguieron existiendo negocios pequeños, como en el caso de los artesanos y los tenderos, o gente que empleaba una plantilla reducida. Algunos formaron incluso pequeñas compañías privadas en las que cada persona tenía un porcentaje del negocio. Las grandes fábricas e industrias textiles que producían de forma masiva y empleaban a un gran número de personas solían necesitar grandes sumas de dinero para financiar el negocio y ofrecían participaciones de la empresa al público. Al comprar acciones de estas empresas, los inversores aportan dinero para comprar edificios y maquinaria, y para pagar a los trabajadores. A cambio reciben una parte de los beneficios, conocida como dividendo. Los accionistas tienen además voz y voto a la hora de decidir la forma de dirigir el negocio, normalmente votando en las juntas en las que se designa a los directivos.

KARL MARX (1818–1883)

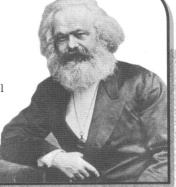

Marx nació en la actual Alemania. Antes de convertirse en periodista, estudió derecho y filosofía, pero tuvo que huir a París a causa de sus ideas políticas socialistas. Allí conoció a Friedrich Engels, con el que escribió el *Manifiesto del Partido Comunista* en 1848. Marx se trasladó después a Londres, donde escribió *El capital*, un análisis del capitalismo y una explicación de su teoría económica.

Un porcentaje del negocio ⬆
Las empresas pueden ser propiedad de varios inversores, que compran acciones y tienen voz y voto en cómo se gestionan.

Hay que compartir

Sin embargo, los accionistas tienen muy poco control sobre el día a día de la compañía, pues la empresa la dirige una junta directiva. Normalmente los directivos son elegidos por su capacidad para obtener beneficios para los accionistas, entre los que ellos mismos se encuentran. El poder de los accionistas es proporcional al número de acciones que poseen, así que si alguien tiene más del 50% de las acciones, tiene el control de la empresa, aunque no es habitual que un solo individuo sea accionista mayoritario de una empresa importante. En las grandes empresas suele haber distintos tipos de accionistas. Algunas acciones las compran fondos de inversión, bancos y fondos de pensiones; otras, directivos y trabajadores de la empresa y algunas otras compañías o incluso los gobiernos.

Un poco de cada

En una economía capitalista de libre mercado, la mayoría de las empresas son de inversores privados –particulares o empresas– aunque el gobierno

> BAJO EL **CAPITALISMO**, EL HOMBRE EXPLOTA AL HOMBRE; BAJO EL **COMUNISMO**, ES JUSTO AL REVÉS.
> JOHN KENNETH GALBRAITH

La mayor empresa del mundo es el Departamento de Defensa de EE.UU., con más de 3,2 millones de empleados.

también puede tener algunas acciones. Hay algunas industrias, sin embargo, en las que el gobierno suele tener una participación predominante, porque tiene la mayoría de las acciones o porque es el dueño de la compañía. Estas empresas estatales habitualmente prestan servicios importantes como son el servicio de correos, la sanidad y el transporte público, pero también otros básicos como la policía y las fuerzas armadas. Actualmente, la mayoría de los países tienen algún tipo de «economía mixta», con industrias privadas y estatales en distintas proporciones. Eso se debe tanto a razones políticas como económicas, y muestra la diferencia básica entre el capitalismo (propiedad privada del capital) y el socialismo o el comunismo (propiedad estatal de los medios de producción).

Ver también: 42-43, 100-101

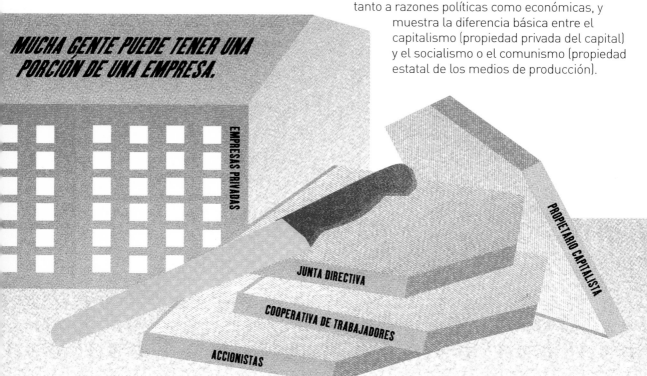

MUCHA GENTE PUEDE TENER UNA PORCIÓN DE UNA EMPRESA.

EMPRESAS PRIVADAS

PROPIETARIO CAPITALISTA

JUNTA DIRECTIVA

COOPERATIVA DE TRABAJADORES

ACCIONISTAS

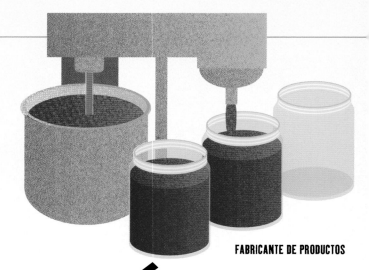

DEL PROVEEDOR AL CONSUMIDOR

PROVEEDOR DE MATERIAS PRIMAS

FABRICANTE DE PRODUCTOS

La GESTIÓN de

PARA LOS CLIENTES, LAS EMPRESAS EXISTEN A FIN DE PROPORCIONARLES LOS PRODUCTOS Y SERVICIOS QUE NECESITAN Y QUIEREN. PERO PARA LOS PROPIETARIOS Y LOS GERENTES DE LAS EMPRESAS ESO ES SOLO UNA PARTE DE LA PELÍCULA. PRODUCEN ESOS PRODUCTOS Y SERVICIOS PARA GANAR DINERO. Y PARA LOGRARLO, DEBEN DIRIGIR SU NEGOCIO CON UNA GRAN HABILIDAD.

> GANAR O PERDER... SOLO HAY DOS MANERAS DE GANAR DINERO: AUMENTAR VENTAS Y REDUCIR COSTES.
>
> FRED DELUCA, EMPRESARIO NORTEAMERICANO

Cuadrar las cuentas

Empresas de todo tipo, desde comerciantes o pequeñas compañías privadas hasta enormes corporaciones internacionales, ganan dinero vendiendo sus productos. Tanto si producen productos básicos o productos manufacturados como si ofrecen servicios, todos aspiran a ser rentables. Es decir, que su objetivo es que entre más dinero del que sale. La labor de la dirección, tanto si se trata de los dueños de una pequeña empresa como de los gerentes de una gran empresa, es cuadrar los costes de producción y los ingresos –el dinero procedente de la venta de los productos–. Si los ingresos son mayores que los gastos, la empresa obtiene beneficios. Si, por el contrario, los gastos son mayores que los ingresos, la empresa sufrirá pérdidas.

Dinero que entra, dinero que sale

La dirección de una empresa debe tener en cuenta los costes de producción: el dinero que se gasta para producir el producto. Si se trata de una industria manufacturera, por ejemplo, eso incluirá el coste de las materias primas con las que se hace el producto, los edificios y la maquinaria, y los salarios de los trabajadores. Asimismo, puede haber otros costes, como el envío de los productos al cliente y el pago por servicios como la calefacción y la luz, mantenimiento de las instalaciones o los seguros. Si la empresa da beneficios, deberá pagar impuestos al gobierno. Por otro lado están los ingresos que se obtienen de vender el producto. En cuanto el negocio marcha bien, estos ingresos pueden usarse para pagar los costes de producción. Pero crear una nueva empresa conlleva

COMERCIO MINORISTA

CONSUMIDOR

la empresa

EL OBJETIVO DE TODOS LOS ACTORES DEL PROCESO, DESDE QUIEN SUMINISTRA LAS MATERIAS PRIMAS HASTA QUIEN VENDE EL PRODUCTO AL CONSUMIDOR FINAL, ES OBTENER BENEFICIOS.

gastos, pues antes de empezar a producir y vender hay que comprar maquinaria y pagar las instalaciones. Incluso las empresas establecidas deben invertir de vez en cuando en aumentar la producción y tardan en ver los resultados. Por eso, además de los ingresos por las ventas, un negocio puede obtener dinero pidiendo un préstamo al banco o vendiendo acciones. A cambio, pagará al banco los intereses del préstamo o una parte de los beneficios a los accionistas.

> El porcentaje de ganancias sobre los beneficios de las ventas de un producto se conoce como «margen de beneficio».

deciden qué productos fabricar y cómo venderlos. Los accionistas suelen presionar para obtener beneficios, y esto hace que a veces los directivos se centren en ello en lugar de en reinvertir los beneficios para mejorar la productividad o las condiciones laborales. Los directivos pueden tener la tentación de dirigir la empresa en beneficio propio en lugar de para el bien de la compañía a largo plazo.

Ver también: 52–53, 56–57

Obtener beneficios

Para garantizar el máximo de beneficios por las ventas, la empresa debe identificar su mercado, es decir, las personas con más posibilidades de querer sus productos. Algunas empresas, sobre todo en el sector servicios, venden sus productos directamente al consumidor, pero generalmente para que el producto final llegue al consumidor deben intervenir otras empresas, desde las que suministran materias primas hasta las tiendas que venden al cliente final. Las pequeñas empresas suelen dirigirlas sus propietarios, pero las grandes contratan a personas cualificadas como directivos para que se encarguen de dirigirlas. Estos se aseguran de que el negocio sea rentable y

EL PALO Y LA ZANAHORIA

Un directivo debe asegurarse de que los empleados trabajen por el bien de la empresa. El experto en gestión Douglas McGregor identificó dos estilos básicos de gestión: amenazar a los trabajadores con un castigo si su trabajo no es lo bastante bueno, o premiarles si trabajan bien.

Dirigir una
EFICIENTE

Ver también: 50–51

PARA TRIUNFAR EN EL LIBRE MERCADO, LAS EMPRESAS DEBEN OFRECER SUS PRODUCTOS A PRECIOS COMPETITIVOS. LA PRODUCTIVIDAD DE UNA EMPRESA –LA EFICACIA CON LA QUE PRODUCE SUS PRODUCTOS O SERVICIOS– ES CLAVE PARA EL ÉXITO. UN BUEN GERENTE ES EL QUE SE ASEGURA DE QUE LOS COSTES DE PRODUCCIÓN SE MANTENGAN BAJOS.

Los trabajos, de uno en uno

Los gerentes buscan continuamente la manera de aumentar la productividad, que es la relación entre los costes y la capacidad de producción. Cuando surgió la industria manufacturera, Adam Smith describió un método para que la producción fuera más eficiente:

> LA CAUSA PRINCIPAL DE LA **MEJORA** DE LA CAPACIDAD **PRODUCTIVA** DE LA MANO DE OBRA... PARECE HABER SIDO LA **DIVISIÓN DEL TRABAJO.**
>
> **ADAM SMITH**

la «división del trabajo». En la mayoría de los casos, para fabricar productos se necesitan distintos procesos que requieren distintas destrezas. Smith usó el ejemplo de la fabricación de alfileres: se endereza el alambre, se afila, se le pone la cabeza y luego se pule. Un solo trabajador podría hacer todas estas tareas y fabricar 20 alfileres. Pero el trabajo puede dividirse en procesos de modo que cada tarea la haga un trabajador distinto. Así cada trabajador se especializa en un trabajo y puede trabajar mucho más rápido sin tener que cambiar de una tarea a otra. El resultado es que diez trabajadores producen miles de alfileres frente a los 200 que habrían producido del otro modo, lo que supone una mejora enorme de la productividad.

SI CADA TRABAJADOR SE ENCARGA DE UNA TAREA...

empresa

Ampliar

Otra forma de aumentar la productividad es mediante las economías de escala. Cuantos más productos llega a producir una fábrica, más barato sale hacer cada artículo. Eso se debe a que los costes fijos, como lo que cuestan los edificios y la maquinaria, deben pagarse con independencia de lo que rinda la fábrica. Así que si se fabrica una gran cantidad de productos, los costes se reparten entre un número mayor de artículos, con el consiguiente abaratamiento del proceso. Los costes también pueden reducirse comprando materias primas al por mayor.

Otro coste de producción es la mano de obra. Las máquinas pueden hacer muchos trabajos y una sola máquina suele hacer el trabajo de muchas personas con un solo operario. Por eso las empresas dedican parte de sus beneficios a la investigación y el desarrollo, buscando la forma de mejorar la eficacia de su equipamiento. La mano de obra puede resultar más barata en los países pobres, así que hay empresas de los países más ricos que subcontratan la producción en el extranjero.

Los armadores venecianos desarrollaron cadenas de producción para la construcción de barcos ya en el siglo XIV.

Tajadas más difíciles

Mejorar la productividad en el sector de los servicios es más difícil porque este depende sobre todo de los recursos humanos. Las tecnologías de la información, sin embargo, han traído consigo algunos cambios. Por ejemplo, las empresas ya no tienen por qué tener su sede en ciudades caras, y los servicios pueden prestarse vía internet o por correo electrónico.

CADENAS DE MONTAJE

En las fábricas, los trabajadores se ocupan de distintas fases del proceso. El producto pasa de un puesto de trabajo a otro en una cadena de montaje, más eficiente que si los operarios van de un lado a otro con sus herramientas. Las primeras cadenas de montaje con cintas transportadoras aparecieron en 1913 para fabricar en serie el automóvil Ford modelo T.

❯ Muchas manos
Si cada trabajador se centra en un solo aspecto de la producción, en lugar de cambiar de una tarea a otra, la productividad aumenta enormemente.

EL PROCESO DE FABRICACIÓN ES MÁS EFICIENTE.

MOVIMIENTOS COOPERATIVOS

EN UNA COOPERATIVA, UN GRUPO DE PERSONAS SE UNEN PARA CREAR UNA EMPRESA EN LA QUE TODOS TIENEN LA MISMA PARTICIPACIÓN. CON ELLO, LOS MIEMBROS DE LA COOPERATIVA SATISFACEN SUS NECESIDADES DE UN MODO QUE NO PODRÍAN LOGRAR POR SÍ SOLOS, Y CONSIGUEN VENTAJAS SOCIALES DENTRO DE UNA ECONOMÍA CAPITALISTA.

COOPERATIVAS DE CRÉDITO

Las cooperativas de crédito son pequeños bancos privados dirigidos por las personas que les confían su dinero, que se unen para ahorrar y obtener préstamos a un precio justo. La mayoría solo están abiertas a personas que comparten un interés, como una profesión o sector profesional. Los bancos cooperativos son más grandes y se diferencian de los bancos comerciales en que sus dueños son sus clientes y suelen tener políticas de inversión éticas.

COOPERATIVAS DE TRABAJADORES

Una cooperativa de trabajadores es una empresa que es propiedad de sus trabajadores. No hay un propietario único y los socios dirigen el negocio por y para sí mismos. Lo pueden dirigir entre todos los miembros o mediante una junta elegida para ello. Algunos aducen que estas cooperativas son la alternativa lógica a las empresas cuyo único objetivo es ganar dinero.

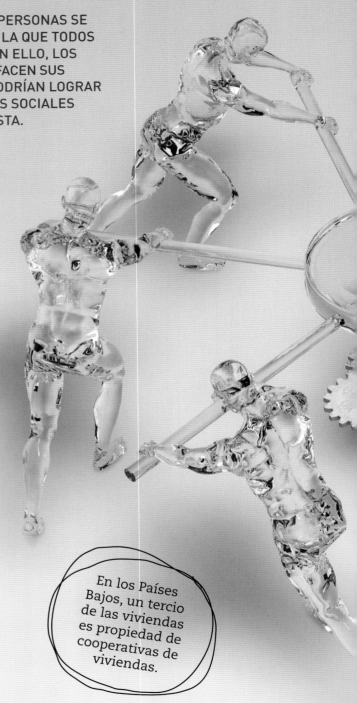

En los Países Bajos, un tercio de las viviendas es propiedad de cooperativas de viviendas.

COOPERATIVAS DE VIVIENDAS

Una cooperativa de viviendas posee y gestiona una propiedad residencial en nombre de quienes viven en ella. Agrupando recursos, sus socios pueden comprar mejores viviendas y servicios de los que podrían permitirse individualmente. Si alguien se marcha, los gerentes de la cooperativa seleccionan nuevos residentes en representación del resto de los miembros.

COOPERATIVAS DE CONSUMIDORES

Una cooperativa de consumidores es una empresa que pertenece a sus clientes. Agrupándose, sus miembros pueden obtener grandes descuentos comprando al por mayor, o prescindir de intermediarios. El objetivo es conseguir los productos al mejor precio posible. El Grupo Cooperativo del Reino Unido es la cooperativa de consumidores más grande del mundo.

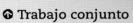

⬆ Trabajo conjunto
Cuando varios individuos se unen para formar un movimiento cooperativista, pueden usar su superioridad numérica para negociar un trato mejor para sus miembros.

«Las **cooperativas** demuestran que pueden compaginarse **viabilidad económica** y **responsabilidad social**».

BAN KI-MOON, SECRETARIO GENERAL DE LAS NACIONES UNIDAS

Ir a **TRABAJAR**

TODA EMPRESA PRECISA MANO DE OBRA. LAS INDUSTRIAS Y, ESPECIALMENTE, LOS SERVICIOS NECESITAN TRABAJADORES PARA PRODUCIR PRODUCTOS Y ATENDER A SUS CLIENTES. LA MANO DE OBRA, COMO OTROS RECURSOS, SE COMPRA Y SE VENDE: LOS TRABAJADORES OFRECEN TIEMPO Y HABILIDADES Y LOS EMPRESARIOS PAGAN POR ELLOS MEDIANTE LOS SALARIOS.

Ver también: 50–51, 126–127

Poner precio al trabajo

Cualquier negocio que no sea unipersonal o cooperativista debe contratar trabajadores, y la mayoría de las personas necesitan tener algún tipo de empleo para ganarse la vida. Eso hace que haya oferta y demanda: los empresarios ofrecen empleos y tienen demanda de recursos humanos, o mano de obra, mientras que los trabajadores ofrecen mano de obra y demandan empleos. Esta interacción entre empresarios y trabajadores se conoce como «mercado laboral». Como ocurre en otros mercados, la oferta y la demanda determinan el precio, en este caso el precio de la mano de obra, o la cantidad pagada en sueldos o salarios. Los empresarios quieren minimizar los costes, por lo que intentan mantener los sueldos bajos, y los trabajadores negocian para que sean lo más altos posibles. Pero si hay mucha mano de obra, como ocurre con cualquier otro producto básico, el precio bajará, así que cuando hay muchos trabajadores buscando trabajo, los empresarios pueden reducir los salarios. Es lo que suele ocurrir con la mano de obra no cualificada, especiamente en lugares con mucha población. Los trabajadores con una destreza específica, no obstante, suelen escasear, por lo que los empresarios están dispuestos a pagarles más.

Equilibrio laboral

El mercado laboral permite asignar los recursos humanos. En un mundo ideal con un mercado laboral perfecto, ambas partes se beneficiarían por igual, pero en la

DERECHOS DEL TRABAJADOR

A veces los empresarios obligan a sus trabajadores a aceptar salarios bajos y a trabajar muchas horas. A fin de protegerse de la explotación, los trabajadores se agrupan en sindicatos. Estos permiten que los trabajadores puedan negociar colectivamente sus condiciones laborales, usando para negociar, como amenaza y en última instancia, la posibilidad de dejar de trabajar, es decir de hacer huelga.

MECÁNICO

25.000 €

práctica, ni la mano de obra ni los empleos están distribuidos de forma óptima. Agunos países no disponen de trabajo suficiente para la mucha mano de obra no cualificada que tienen y, sin embargo, les faltan trabajadores especializados. En ese caso, los empresarios pueden verse obligados a invertir más en la formación de sus trabajadores. En algunos países ricos ocurre lo contrario, los trabajadores están muy preparados y no hay suficientes puestos de trabajo para gente tan preparada. En ese caso, los trabajadores especializados deberán plantearse aceptar trabajos menos especializados y peor pagados.

El paro

Otra consecuencia de la distribución irregular de trabajos y trabajadores es el paro. Existen trabajos de temporada, por ejemplo en el sector turístico, de modo que los trabajadores pueden quedarse sin trabajo en los períodos de poca actividad. O puede deberse al exceso de producción: si la empresa tiene un excedente

> **LA ECONOMÍA ES EXTREMADAMENTE ÚTIL COMO FORMA DE EMPLEO PARA LOS ECONOMISTAS.**
> JOHN KENNETH GALBRAITH

El índice de paro es mucho más elevado entre los jóvenes (14-28 años) que entre los mayores.

de productos, ya no necesita trabajadores para producirlos. O a que disminuye la demanda.

En muchas industrias la mecanización también provoca el despido de personas. Siempre hay gente que quiere y puede trabajar, y no encuentra empleo. La tasa de paro –el porcentaje de la población en edad de trabajar que no tiene trabajo– varía, y se considera un indicador de la prosperidad económica de un país. Pero dicho índice ofrece únicamente una visión de conjunto que indica la proporción en la que es mayor el número de personas que quieren trabajar que el número de empleos disponibles.

⊘ Salario a cambio de trabajo
En un mercado laboral ideal, los trabajadores que buscan trabajo tienen las habilidades que las empresas precisan. Los trabajadores altamente cualificados, o los que tienen habilidades poco comunes, pueden exigir más a cambio de su trabajo.

PERIODISTA

CHEF

ACTOR

INGENIERO

LIMPIADOR

EL MERCADO LABORAL AJUSTA LAS HABILIDADES CON LAS VACANTES

100.000 €

DOCTOR

ENFERMERO

CONSUMISMO

LOS COMERCIOS NO EXISTIRÍAN SI NADIE QUISIERA COMPRAR O CONSUMIR SUS PRODUCTOS Y SERVICIOS. EN LOS PAÍSES MÁS RICOS, DONDE LA GENTE DISPONE DE MÁS DINERO PARA GASTAR, SE ANIMA CONSTANTEMENTE A LOS CONSUMIDORES A COMPRAR COSAS, ES LO QUE HA DADO EN LLAMARSE «SOCIEDAD DE CONSUMO».

Tiempo de bonanza

Además de cambiar la forma de fabricar los productos, las industrias manufactureras que surgieron durante la Revolución Industrial a finales del siglo XVIII modificaron prácticamente todos los ámbitos de nuestra vida. Las sociedades industrializadas prosperaron, especialmente la nueva clase de los capitalistas, es decir, los dueños de las fábricas y las industrias textiles, que suministraban sus productos a un número cada vez mayor de tiendas. Pero esos productos precisaban compradores. La mayor parte de la riqueza iba a parar a los dueños de los negocios, pero los trabajadores de las nuevas industrias obtenían un sueldo a cambio de su trabajo. Había más gente, sobre todo en los pueblos grandes y ciudades, que necesitaban comprar artículos de primera necesidad, y un número cada vez mayor de empresarios ricos que deseaban comprar productos de lujo. El mercado –la oferta y la demanda de dichos productos– creció en consecuencia.

De compras

El sector minorista, es decir, las tiendas y comercios que vendían los productos al público, prosperó paralelamente a las sociedades industrializadas. En las ciudades y localidades industriales, en lugar de acudir a los mercados de campesinos y granjeros, los trabajadores y propietarios de las fábricas compraban lo que necesitaban en las tiendas locales. El centro de muchas zonas urbanas se transformó en una zona comercial, y hoy en día muchos se han convertido en grandes centros comerciales. Muchos pequeños negocios minoristas se han transformado en grandes almacenes o supermercados que ofrecen diferentes productos, o en cadenas con tiendas en muchas ciudades. Actualmente, en los países más ricos, hay también grandes hipermercados y centros comerciales en las afueras.

El Dubai Mall, con una superficie de 1.124.000 m² y 1.200 tiendas, es el centro comercial más grande del mundo.

Gastar, gastar y gastar

Al hacerse más rica, la gente dispone de más dinero para gastar en productos que no son de primera necesidad. Y se les anima a gastarlo en bienes de consumo.

EL **CONSUMO** ES EL ÚNICO FIN Y PROPÓSITO DE TODA **PRODUCCIÓN.**
ADAM SMiTH

La venta al por menor es ahora un gran negocio que emplea a un gran número de personas. Depende de los clientes, así que los distintos minoristas animan a los consumidores a comprar sus productos. Dado que todos somos consumidores potenciales, nos incitan continuamente a consumir y gastar más. El hecho de poner más énfasis en el consumo que en la producción se conoce como «consumismo». Para lograrlo, los minoristas han simplificado las cosas ofreciendo la venta en línea y telefónica, o presentando el hecho de ir de compras como una actividad placentera y no como un quehacer.

ALARDEAR

La mayor parte de lo que compramos son cosas que necesitamos o que nos hacen la vida más fácil. Pero el economista Thorstein Veblen observó que algunas personas compran productos como símbolo de prestigio, para mostrar su estatus. Esos productos ostentosos, como los automóviles de gama alta, se conocen como «bienes Veblen».

Los pequeños caprichos

En los países ricos hay más personas a las que, tras adquirir los productos de primera necesidad, les sigue quedando dinero y que, por tanto, pueden permitirse gastárselo en cosas que le gustan, y no que necesitan. Además de en productos que les proporcionan placer, gastan en servicios, como en peluquería y tratamientos de belleza, es decir, en cosas que antes habrían hecho ellos mismos. Como consecuencia, disponen también de más tiempo libre, del que pueden disfrutar haciendo aquello que les gusta o descansando, así que gastan en ocio, como irse de vacaciones o comprar música, libros o videojuegos.

COMPRAR COSAS QUE NO NECESITAMOS SE HA CONVERTIDO EN ACTIVIDAD LÚDICA

Ver también: 36-37, 130-131

TIEMPO LIBRE

En la actualidad, la tecnología hace una buena parte de nuestro trabajo por nosotros, lo que nos permite disponer de más tiempo libre. Pero lo cierto es que ello también ha dejado a muchas personas sin trabajo. Y otros siguen trabajando mucho porque no pueden permitirse trabajar menos horas. Hay menos trabajo, pero más personas que van tras él.

PRODUCTOS EN PROMOCIÓN

Una forma de atraer a los clientes es con ofertas especiales. Los supermercados, por ejemplo, ofrecen productos por debajo de su coste. Estos «productos en promoción» atraen a los clientes, que pueden acabar comprando otras cosas mientras están allí. Otras empresas usan las ofertas para atraer a los clientes y ganar dinero a largo plazo.

Recursos y empresas en la
PRÁCTICA

SOCIEDAD DE SERVICIOS

En las poblaciones de los países desarrollados hay oficinas, tiendas y restaurantes, pero queda poco de su pasado industrial. En esos sitios, es fácil imaginar una «sociedad posindustrial» basada únicamente en los servicios. Pero siempre necesitaremos industria que nos dé manufacturas y agricultura que nos proporcione alimentos.

DEPENDE DEL PAÍS

Los recursos naturales abundan en algunos lugares del mundo, pero escasean en otros. Por ejemplo, en algunos países el agua es gratuita mientras que en otros es tan preciada como para que la gente se pelee por ella. Tener el control de recursos como el petróleo o los minerales da a los países un mayor peso político.

La competitividad lleva a las empresas a ofrecer mejores productos a precios más bajos. Es cierto que los consumidores tienen más productos entre los que escoger, pero a menudo se encuentran con un gran número de productos parecidos, lo que genera confusión. Con tantas alternativas con diferencias mínimas, a los consumidores les cuesta elegir bien.

DEMASIADAS OPCIONES

ESTAR AL DÍA

La tecnología avanza más deprisa que nunca y las empresas intentan convencernos para que compremos sus productos más nuevos. Los aparatos electrónicos suelen quedar obsoletos con mucha rapidez, de modo que el carísimo *smartphone* del año anterior, aunque siga funcionando perfectamente, apenas tiene valor en cuanto la tecnología avanza.

Compramos los productos y servicios a las empresas que nos los ofrecen en el mercado. Los productos y su precio dependen de la demanda que estos tengan. Eso a su vez determina la manera en la que usamos nuestros recursos, es decir quién recibe qué, y el tipo de industria que tenemos.

A causa de la competencia de las grandes corporaciones, muchas empresas pequeñas han tenido que cerrar el negocio o han sido engullidas por otras más grandes. Algunas empresas han crecido tanto que son incluso más ricas que muchos países, y los gobiernos no pueden permitirse ignorarlas.

NICHO DE MERCADO

LOS GRANDES

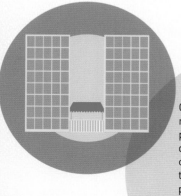

Cuando se emprende un nuevo negocio o se lanza un producto novedoso, es importante que sea competitivo. No basta con tener un buen producto, sobre todo si ya hay en el mercado algo parecido. Para hacerse un hueco en el mercado, el producto debe satisfacer una demanda aún no satisfecha. Debe cubrir un nicho de mercado.

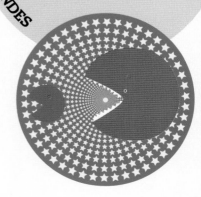

¿El **DINERO** mueve el mundo?

Quedarse al MARGEN

Libre COMERCIO

El mundo es PEQUEÑO

ALTIBAJOS económicos

Si el mercado no FUNCIONA

Cuestión de IMPUESTOS

¿Cómo será el FUTURO?

Negocio y RIESGO

JUGAR sobre seguro

¿Es BUENA la codicia?

La decisión CORRECTA

El coste: la TIERRA

Los países llevan miles de años comerciando unos con otros, pero en la actualidad, gracias a las comunicaciones y los modernos medios de transporte, el comercio internacional constituye una parte importante de la economía de cualquier país. Con la globalización, muchas empresas producen y venden sus productos en el extranjero. Eso ha llevado la prosperidad a muchos lugares, pero también ha acarreado graves problemas para el medio ambiente.

Quedarse al **MARGEN**

EN UN MERCADO, LA OFERTA Y LA DEMANDA SE EQUILIBRAN PARA QUE TANTO PRODUCTORES COMO CONSUMIDORES SALGAN GANANDO. ESO ES ASÍ EN TEORÍA, PERO EN LA PRÁCTICA EL SISTEMA NO ES PERFECTO. ES NECESARIO REGULAR LOS MERCADOS PARA QUE UNOS NO SE BENEFICIEN MÁS QUE OTROS.

Perfectamente equilibrado

En un mundo ideal, los tratos entre compradores y vendedores conducirían a un equilibrio perfecto entre la oferta y la demanda. Sin ninguna intervención, el mercado se autorregularía. Pero en el mundo real no siempre es así. Los economistas tienen distintas opiniones sobre hasta qué punto los mercados deberían dejarse sin intervención, y hasta qué punto debería existir un cierto control sobre su funcionamiento. En un extremo, los economistas del *laissez-faire* están a favor del libre mercado sin ningún tipo de intervención, y en el otro, los economistas marxistas, es decir, los seguidores de las teorías de Karl Marx (ver p. 48), apoyan el control absoluto de la producción por parte del gobierno. Entre ambos extremos, la mayoría de los economistas reconocen que deben existir ciertas reglas impuestas por el gobierno que

LA **OFERTA** CREA SU PROPIA **DEMANDA.**
JEAN-BAPTISTE SAY

¿SE PONEN DEMASIADOS OBSTÁCULOS AL MERCADO?

↑ Vía segura
Las normas de tráfico ralentizan la circulación y la hacen más segura; la regulación de los mercados limita los negocios pero los hace más justos.

Ver también: 14-15, 32-33, 38-39

compensen las deficiencias del sistema. Pero no hay consenso en el grado de libertad que deben tener los mercados, ni en cuánto deben intervenir los gobiernos.

Librepensadores

Los partidarios de la libertad de mercado afirman que la mayoría de las reglas son innecesarias, dificultan el crecimiento de la economía y no fomentan la innovación. Es cierto que algunas leyes limitan lo que puede hacer una empresa, pero nadie se opondría a las leyes que evitan actividades delictivas como el fraude y el cohecho, o la venta de productos defectuosos.

Es normal que un negocio quiera libertad para poder actuar como más le interese, pero el gobierno debe velar por los intereses ciudadanos, y por la economía del país en general. Las empresas suelen ver los impuestos como una carga, pero gracias a ellos los gobiernos disponen de dinero para sufragar servicios públicos como la educación y la sanidad. En muchos países existen leyes contra las prácticas comerciales abusivas para proteger a los consumidores y garantizar que las empresas ofrecen condiciones laborales y sueldos justos.

Algunos economistas creen que los gobiernos deberían intervenir para favorecer la economía del país. Uno de los inconvenientes del libre mercado es que tiene períodos de auge y de quiebra. Si el gobierno tiene cierto control sobre la planificación de su economía, puede minimizar esas fluctuaciones y tal vez evitar una crisis económica. Una cierta intervención gubernamental, por ejemplo con impuestos sobre los productos importados y con subsidios para las industrias que les permitan competir con compañías extranjeras, también puede ser beneficiosa para los negocios.

¿Libres o iguales?

Los argumentos sobre el libre mercado o la intervención gubernamental no son exclusivamente económicos, sino también políticos. Al final, todo se reduce a escoger entre libertad e igualdad. Los mercados no regulados, favorecidos por los países liberales, ofrecen la libertad de escoger, pero a costa de una sociedad desigual; por su parte, las economías centralizadas que defienden los políticos y economistas socialistas ofrecen un reparto más justo pero con más restricciones. Incluso en las «economías mixtas» el equilibrio varía con el tiempo, así que desde la década de los ochenta del siglo xx el enfoque que ha predominado en muchos países ha sido el de *laissez-faire*.

Corea del Norte, un Estado socialista, tiene la economía más centralizada del mundo.

¿EXPERIMENTO FALLIDO?

Durante el siglo xx, muchos países adoptaron algún tipo de gobierno comunista que controlaba la producción de bienes y servicios. En la mayoría de los casos, la centralización de la economía no consiguió satisfacer la demanda, y hubo superproducción de algunos productos y escasez de otros. La mayoría de los economistas consideran que el fracaso de dichas economías demuestra la necesidad del libre mercado.

Libre **COMERCIO**

Ver también: 32–33, 48–49

ADEMÁS DE LOS PRODUCTOS Y SERVICIOS QUE SE PRODUCEN Y VENDEN EN UN PAÍS, ESTÁN LOS QUE SE PRODUCEN PARA VENDER A OTROS PAÍSES, Y LOS QUE SE TRAEN DE FUERA. LOS PAÍSES LLEVAN MILENIOS COMERCIANDO UNOS CON OTROS, IMPORTANDO PRODUCTOS QUE ESCASEAN LOCALMENTE Y EXPORTANDO AQUELLOS QUE SE DEMANDAN EN OTROS LUGARES.

Qué se necesita y dónde

En un país, los productores se ocupan de que sus productos se distribuyan allí donde se necesitan. Así, por ejemplo, los alimentos deben llevarse desde las zonas agrícolas hasta los pueblos y ciudades, y quienes viven en el campo precisan productos manufacturados que se producen en las zonas industriales. Eso es así en todo el mundo. Algunos países tienen el clima adecuado para ciertos cultivos, mientras que otros disponen de algún recurso natural como el petróleo o se han especializado en la fabricación de ciertos productos. Los países comercian entre sí para intercambiar los productos que producen por otros que necesitan. El comercio internacional se inició con las civilizaciones antiguas y se convirtió en una parte importante de la economía de muchos países, ya que se establecieron rutas comerciales para transportar productos por el mundo. Antes de la Revolución Industrial (ver pp. 42–43), los principales negocios los dirigían mercaderes y no fabricantes.

> La Ruta de la Seda era una ruta comercial que conectó China, India, Arabia y Europa durante más de 1.500 años.

⦿ Alimentos por productos

Si un país destaca en la agricultura pero no en la industria, puede producir comida suficiente para su población y para exportar a otros países, y a cambio importar productos como los coches.

Aprovecha tus puntos fuertes

Con el crecimiento de la industria, el comercio internacional ha seguido desempeñando un papel esencial en la economía de los países. En general, es

SE EXPORTAN PRODUCTOS A CAMBIO DE OTROS QUE SE NECESITAN

prácticamente imposible que un país sea autosuficiente, pues siempre habrá cosas que no pueda producir y que tendrá que importar de otro sitio a cambio de dinero o de productos que dicho país necesite. Otras veces no es que no pueda producirlos, sino que le sale más barato comprarlos fuera que fabricarlos. Así, por ejemplo, un país cuya economía es básicamente agrícola podría fabricar coches, pero

DAVID RICARDO (1772–1823)

Nació en Londres y, al igual que su padre, trabajó como corredor de bolsa. Tras hacer una fortuna comprando bonos del Estado antes de la batalla de Waterloo (1815), inició su carrera política. Fue uno de los economistas clásicos más destacados, y en 1817 escribió sus *Principios de economía política y tributación*.

EL CREDO DEL ECONOMISTA DEBERÍA INCLUIR: «DEFIENDO EL LIBRE COMERCIO».

PAUL KRUGMAN, ECONOMISTA ESTADOUNIDENSE

su industria del automóvil es modesta y resulta muy poco eficiente. No obstante, como su agricultura es altamente productiva, puede alimentar a su población y le queda excedente para vender a otro país. Por su parte, ese otro país puede fabricar coches de forma más eficiente, manteniendo los costes de producción bajos, pero no es capaz de producir comida suficiente. Sería un error que el primero intentara hacer más coches cogiendo dinero y mano de obra del sector agrícola que sí resulta rentable. Como diría el economista David Ricardo (ver recuadro superior), ese país tiene

una «ventaja comparativa» en el ámbito de la agricultura, y le conviene especializarse en eso.

Protege tus activos

Pero no todo son ventajas en el comercio internacional. Al exportar productos entra dinero en el país, pero hay que pagar lo que se importa. Si un país es decifitario, es decir que gasta más importando de lo que recibe exportando, su gobierno puede tratar de limitar las importaciones. A menudo es posible producir a nivel local, pero no tan barato. Para proteger a los productores locales de la competencia extranjera, algunos gobiernos imponen aranceles, o sea impuestos sobre los productos importados, para encarecerlos. Hay economistas que no están de acuerdo con esta clase de «proteccionismo». Afirman que el comercio internacional debería ser libre y sin restricciones gubernamentales.

Ver también: 68–69, 104–105

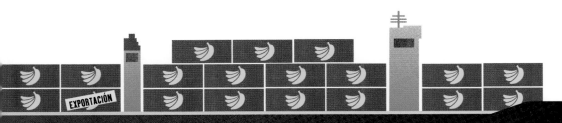

El mundo es

Ver también: 34-35, 52-53, 66-67

EL COMERCIO INTERNACIONAL EXISTE DESDE QUE HAY PAÍSES. AL PRINCIPIO ERA ENTRE VECINOS Y LUEGO, CUANDO LOS BARCOS, FERROCARRILES, CARRETERAS Y AVIONES FACILITARON EL TRANSPORTE, SE EXTENDIÓ POR TODO EL MUNDO. ACTUALMENTE, GRACIAS A LAS MEJORES COMUNICACIONES Y TRANSPORTES LAS EMPRESAS SE HAN HECHO REALMENTE GLOBALES.

Un mercado más grande

En el mundo hay unos 200 países, y gracias a los avances en transportes y comunicaciones es posible viajar y comunicarse con cualquier lugar. Las empresas que se dedican a la exportación tienen ahora muchos más clientes potenciales que antes. Así como las economías de mercado se han desarrollado dentro de cada país, está surgiendo también una economía de mercado global. La idea de que el libre mercado con una cierta regulación por parte del gobierno es la forma más eficiente de ajustar la oferta y la demanda de productos y servicios también puede aplicarse al comercio globalizado. Los países comercian entre sí, y la competencia entre ellos hace que sus empresas sean productivas y los precios sean justos. Pero como ocurre con cualquier otro mercado, en la práctica hay ciertas restricciones. Así, algunos países imponen tasas de importación a ciertos productos o prohíben el comercio con ciertos países. Otros se han unido para formar zonas de libre comercio en las que pueden comerciar entre sí pero que tienen restricciones para comerciar con el resto del mundo.

LAS EMPRESAS PUEDEN OPERAR EN TODO EL MUNDO

SEDES CENTRALES

EMPRESAS FILIALES

❯ Empresas globales

Las grandes empresas suelen tener su sede central en un país rico pero a menudo fabrican en países en vías de desarrollo para reducir costes de transporte y mano de obra.

PEQUEÑO

Globalizarse

En general, ha habido una tendencia constante hacia la globalizacion, con un incremento del libre comercio en todo el mundo. Las grandes empresas se han beneficiado de poder vender sus productos a distintos países, y actualmente muchas tienen clientes en todo el mundo. Algunas empresas, como los restaurantes de comida rápida o las cadenas de supermercados, han abierto establecimientos en otros países para vender sus productos o servicios.

Existen también grandes corporaciones que no solo venden sus productos en el extranjero, sino que además los fabrican en otros países. Estas compañías llamadas transnacionales, o multinacionales, suelen estar afincadas en países desarrollados y ricos, donde tienen su sede central. Aunque la compañía pertenece y es dirigida desde dicha sede, puede que no fabrique ningún producto, o muy pocos, en el país de origen. El hecho de ubicar las instalaciones de producción en otro país ofrece ventajas. Así, por ejemplo, los gastos de envío son menores si los productos se fabrican en el país que va a comprarlos. Pero posiblemente en lo que más se ahorra es en mano de obra, ya que siempre resulta mucho más barato instalar una fábrica en un país pobre en vías de desarrollo, donde los costes laborales son más bajos.

> CUANDO **AMÉRICA ESTORNUDA**, EL **MUNDO ENTERO** SE **RESFRÍA**.
> ANÓNIMO

Ver también: 104–105, 110–111

> La Compañía Holandesa de las Indias Orientales, fundada en 1602, está considerada la primera multinacional del mundo.

¿Quién se beneficia?

Hoy en día, las corporaciones transnacionales producen productos en muchos países distintos, y los venden en todo el mundo. El alcance del negocio puede ser global y dar empleo a personas de distintos países, pero si la empresa tiene sede en Estados Unidos, por ejemplo, lo más probable es que sus directivos y accionistas también estén en ese país, y allí irán a parar los beneficios de la empresa.

CIRCULACIÓN DE TRABAJADORES

La globalización evolucionó gracias al comercio internacional, que permite trasladar libremente los productos entre países. Esto se ha ido generalizando, pero no ha ocurrido lo mismo con la circulación de trabajadores. Muchos países limitan la inmigración para proteger la mano de obra local, pero otros, en cambio, consideran que los trabajadores inmigrantes son vitales para la economía.

Ver también: 50-51, 126-127

ALTIBAJOS económicos

EL NIVEL DE VIDA DE LA POBLACIÓN DE LOS PAÍSES INDUSTRIALIZADOS HA MEJORADO DRÁSTICAMENTE DURANTE LOS ÚLTIMOS DOSCIENTOS AÑOS A CONSECUENCIA DEL CRECIMIENTO ECONÓMICO. EL PROGRESIVO AUMENTO DE LA RIQUEZA DE UN PAÍS ES UNO DE LOS BENEFICIOS DE LA ECONOMÍA DE MERCADO. PERO EL CRECIMIENTO NO TIENE UNA EVOLUCIÓN CONSTANTE SINO QUE ESTÁ LLENO DE ALTIBAJOS.

> QUIEN CREA QUE EL **CRECIMIENTO EXPONENCIAL** PUEDE CONTINUAR INDEFINIDAMENTE EN UN **MUNDO FINITO** O ESTÁ **LOCO** O ES **ECONOMISTA**.
>
> KENNETH BOULDING, ECONOMISTA BRITÁNICO

Perder el equilibrio

En un mundo ideal, con un mercado «perfecto», la oferta de productos y servicios siempre se ajustaría a la demanda que haya de ellos. Pero, en la práctica, dicho equilibrio del mercado, como algunos lo llaman, no es la situación habitual. Hay muchas cosas al margen del mercado que influyen en los niveles de la oferta y la demanda. Por ejemplo, un vendedor de helados puede agotar las existencias cuando hace calor, pero tiene pocos clientes durante el frío invierno. O la gente puede dejar de demandar un producto al aparecer una novedad tecnológica, como cuando se lanza un nuevo modelo de *smartphone* y otros fabricantes dejan de vender versiones anteriores.

La actividad de los mercados varía constantemente. En general, se trata de

La ralentización de la actividad económica se conoce como «recesión», pero si se prolonga en el tiempo pasa a llamarse «depresión».

Altibajos del mercado

La actividad económica de un mercado no es estable, sino que tiene altibajos. Circunstancias ajenas al mercado pueden influir en la oferta y la demanda, provocando períodos de crecimiento o declive.

pequeñas fluctuaciones, pero a veces, se dan períodos en que los negocios van bien y el mercado crece, y otros en que el desequilibrio entre la oferta y la demanda provoca un descenso de la actividad empresarial. Estos altibajos no siguen ningún patrón pero reflejan un cambio de tendencia, lo que se denomina un ciclo económico. La actividad económica, es decir, la cantidad de comercio dentro del mercado, no se mantiene equilibrada, sino que sube y baja constantemente. Períodos de crecimiento y expansión dan paso a otros de declive y recesión. En general, la tendencia de los mercados es la expansión gradual –el crecimiento económico– en que aumentan tanto la oferta como la demanda y el nivel de vida mejora. Pero en ocasiones, este crecimiento aumenta mucho y provoca un «boom» económico. Y otras veces se ralentiza o incluso disminuye, lo que provoca una recesión económica.

Auge y caída

La inestabilidad de las economías de mercado, que alternan períodos de «auge y caída», es una gran desventaja, incluso si a la larga acaban creando crecimiento económico. Es la principal razón que se aduce para justificar que el gobierno regule el libre mercado.

Hasta hace poco, la mayoría de los economistas creían que a pesar de los altibajos las economías de mercado podían seguir creciendo y mejorando el nivel de vida. Esta idea se formuló

LA ECONOMÍA PARECE UNA MONTAÑA RUSA QUE ENCADENA SUBIDAS Y BAJADAS

cuando la población era mucho menor y parecía que podríamos seguir usando los recursos naturales de forma indefinida. Pero los ecologistas nos han hecho ver que vivimos en un mundo de recursos limitados que no pueden ser reemplazados.

Cuanto más crecen las economías, más recursos consumimos. La oferta de cosas que necesitamos para mantener el crecimiento es cada vez menor, y al mismo tiempo la población aumenta y demanda un mejor nivel de vida. El uso de algunos recursos, como los combustibles fósiles tales como el petróleo, el gas y el carbón, además de hacer que se agoten está provocando problemas medioambientales que tendrán serias consecuencias económicas. Según los economistas ecologistas la continua mejora en el nivel de vida de los dos últimos siglos no puede continuar. Debemos optar por economías sostenibles reduciendo el consumo y usando energías renovables.

EL CRAC DEL 29

Un ejemplo dramático de estos altibajos en el siglo XX fue el crac de Wall Street en 1929. En los años veinte, la bolsa de Nueva York estaba en alza, en un reflejo del crecimiento económico de Estados Unidos. Pero la situación cambió de manera drástica en 1929, con la quiebra de las empresas y el inicio de la Gran Depresión que se prolongó durante la década siguiente.

BURBUJAS ECONÓMICAS

UNA BURBUJA ECONÓMICA ES UN MOMENTO DE LOCURA DEL MERCADO EN EL QUE TODOS SE LANZAN A COMPRAR ACCIONES QUE SE SUPONE QUE VAN A SER UNA GRAN OPORTUNIDAD. AL AUMENTAR LA DEMANDA LOS PRECIOS SE DISPARAN, LO QUE INQUIETA A ALGUNOS INVERSORES, QUE DECIDEN RETIRARSE. CON LA DESCONFIANZA EL PRECIO CAE Y LA BURBUJA ESTALLA.

LA CRISIS DEL TULIPÁN

En los años treinta del siglo XVII, Holanda enloqueció por los tulipanes, y se dio la primera burbuja económica. Los tulipanes turcos, con sus vivos colores, florecían bien en los jardines holandeses, y se convirtieron en un artículo muy deseado que llegó a alcanzar precios desorbitados. Un día, sin embargo, alguien se negó a pagar lo que le pedían por un bulbo en una subasta. La burbuja estalló y muchas personas que habían invertido en tulipanes perdieron su fortuna.

LA BURBUJA DE LOS MARES DEL SUR

Se habla de burbujas económicas desde el crac de 1720. El Parlamento británico concedió a la Compañía de los Mares del Sur, a cambio de un préstamo, el monopolio, en apariencia muy valioso, de comerciar con América del Sur. Las acciones de la compañía se dispararon y los inversores se hicieron muy ricos sobre el papel. Pronto se pusieron en marcha las inversiones, pero el comercio con Sudamérica no prosperó como se esperaba y las acciones terminaron por desplomarse.

Cuando estalla la burbuja

Las burbujas económicas se forman al dispararse la compra de acciones de una empresa que produce un determinado producto o servicio. Cuando el mercado se recalienta y los inversores empiezan a retirarse, la burbuja estalla y los precios se desploman de manera fulminante.

MENTALIDAD DE REBAÑO

En 1841, el periodista escocés Charles Mackay afirmó que la causa de las burbujas económicas era la «mentalidad de rebaño». Es decir, que las personas se dejan llevar por la forma de comportarse de los demás, como una manada de búfalos en estampida. A fin de predecir las burbujas económicas, los psicólogos y economistas conductuales, como Daniel Kahneman, estudian el comportamiento gregario para ver cómo emociones como la codicia y el miedo influyen en los mercados bursátiles.

> «Suele decirse que las personas piensan como un rebaño: lo cierto es que enloquecen en grupo y solo recuperan la razón poco a poco y de uno en uno».

CHARLES MACKAY, ESCRITOR ESCOCÉS, AUTOR DE «DELIRIOS POPULARES EXTRAORDINARIOS Y LA LOCURA DE LAS MASAS»

LA BURBUJA DE LAS PUNTO COM

Este siglo empezó con el estallido de la burbuja de las «punto com». Convencidos de que internet iba a cambiar la forma de hacer negocios de la noche a la mañana, los especuladores se apresuraron a comprar acciones de nuevas empresas de comercio electrónico. Muchas de ellas, con apenas ingresos, atrajeron miles de millones de dólares de inversión y el precio de las acciones se disparó. Pero no era más que una ilusión. La burbuja estalló y el precio de las acciones se desplomó de manera catastrófica.

Desde el 2000, se han esfumado 7 billones de dólares invertidos en empresas de internet.

Si el mercado no **FUNCIONA**

EN GENERAL, SE CONSIDERA QUE EL MERCADO DISTRIBUYE ADECUADAMENTE LOS PRODUCTOS Y SERVICIOS QUE LA GENTE QUIERE Y NECESITA. LOS PROVEEDORES VENDEN Y LOS CONSUMIDORES COMPRAN, Y TODOS SALEN GANANDO CON LA TRANSACCIÓN. PERO LOS MERCADOS NO SIEMPRE FUNCIONAN CON TANTA EFICACIA.

> **EL CAMBIO CLIMÁTICO ES EL MAYOR Y MÁS GENERALIZADO FALLO DEL MERCADO QUE SE HAYA VISTO JAMÁS.**
> NICHOLAS STERN, ECONOMISTA BRITÁNICO

Ver también: 34-35, 48-49, 66-67

HAY BIENES PÚBLICOS, COMO LOS FUEGOS ARTIFICIALES, QUE NO SUMINISTRA EL MERCADO

Jugar con ventaja

El mercado puede fallar de varias formas a la hora de distribuir productos y servicios. En el libre mercado este tipo de fallos son inevitables. Incluso los economistas que afirman que los mercados deberían ser libres para poder hacer su función sin la intervención del gobierno reconocen que, en la práctica, eso no siempre es posible. Uno de los problemas es que uno de los actores de la transacción, el comprador o el vendedor, puede jugar con ventaja. Así, el vendedor puede tener información sobre el producto que el comprador desconoce. Quien vende un coche de segunda mano, por ejemplo, tal vez sepa que pronto va a necesitar reparaciones caras, pero es probable que no lo diga por si el comprador decide echarse atrás u ofrece menos dinero. A veces es el comprador el que tiene ventaja. Quien compra una granja ruinosa puede sacarla por menos de lo que vale si el propietario no sabe que está situada sobre un gran yacimiento de petróleo. Esta «información

asimétrica», o injusticia, existe en todo tipo de mercados, y sería absurdo pensar que nadie va a aprovecharse de ello. Para que el mercado sea más justo, los gobiernos suelen imponer normas sobre la divulgación de información, para evitar el «tráfico de información privilegiada», es decir, el uso de información que no está disponible para el público en general.

Dominio total

Hay otra forma de injusticia que nace de la falta de competencia en el mercado. Cuando alguien tiene el monopolio, es

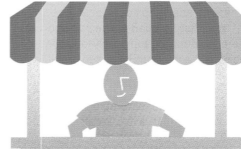

PAGUE AQUÍ

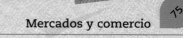

Uso gratuito ➜
Los fuegos artificiales pueden verse desde muy lejos, así que quien no ha pagado por asistir al espectáculo puede «verlo gratis» a costa de quienes sí han pagado.

decir, cuando hay un solo vendedor de un determinado artículo, el comprador no tiene elección y se ve obligado a pagar el precio que pida el vendedor. Incluso en el caso de que haya varios proveedores, pueden unirse y formar un cártel, y decidir no competir en el precio. Los compradores tienen que pagar más de lo que querrían, y los vendedores pueden obtener a su costa un beneficio injusto.

¿Quién pagará?
Pero no todos los fallos del mercado son tan obvios. A veces tanto el comprador como el vendedor quedan satisfechos con la transacción, pero a costa de un tercero. Cuando una transacción acaba costando dinero o perjudica a alguien que no interviene en ella, se dice que es «una externalidad». Así, por ejemplo, si compras una guitarra eléctrica y un amplificador, quizá estés contento con el trato, y la tienda donde los has comprado ha obtenido un beneficio. Pero tu familia, y los vecinos padecerán el ruido que vas a hacer. A mayor escala, las empresas pueden producir los bienes que los consumidores demandan, y ambos salen ganando, pero hay que ocuparse de la contaminación provocada por la fábrica, generalmente a cargo del erario público.

Hay otro tipo de fallo que conlleva gasto público. Es difícil evitar que la gente use ciertas cosas gratuitamente. Si lanzas fuegos artificiales, por ejemplo, el espectáculo estará en el cielo, donde todo el mundo podrá verlos. Resulta difícil pedir a todos aquellos que disfrutan de los fuegos que compren una entrada, así que difícilmente se recuperará el dinero invertido en los cohetes. Ello sucede cuando los bienes públicos como el alumbrado o las carreteras los proporciona el gobierno y no empresas comerciales.

Caveat emptor es una expresión latina que significa «por cuenta y riesgo del comprador».

SUBVENCIONES ESTATALES
En la mayoría de los países, el gobierno proporciona bienes públicos con el dinero de los contribuyentes, o a través de compañías estatales. O bien puede subvencionar una empresa para animarla a suministrar determinados productos y servicios, como energía limpia, con los que de lo contrario no obtendría beneficios.

Ver también: 44-45, 48-49

Cuestión de
IMPUESTOS

SE SUPONE QUE EL GOBIERNO DEBE CUIDAR DE LA
POBLACIÓN DE SU PAÍS, DÁNDOLE SERVICIOS COMO
PROTECCIÓN Y EDUCACIÓN. PARA PAGARLO NECESITAN
DINERO, QUE VIENE DE LA GENTE EN FORMA DE IMPUESTOS.
CADA GOBIERNO DECIDE QUÉ CANTIDAD DE IMPUESTOS
DEBEN PAGAR SUS CIUDADANOS.

LOS IMPUESTOS PAGAN LA EDUCACIÓN, LA SANIDAD, LAS INFRAESTRUCTURAS, LA AYUDA EXTERIOR...

SUELDOS, SUELDOS, SUELDOS

¿Qué gano yo con ello?

Todos pagamos impuestos de
uno u otro tipo, que sirven para
pagar cosas que benefician al conjunto
y que consideramos que debe ofrecer
la Administración. Esta proporciona
muchos servicios, que hay que pagar
con dinero público. Entre estos, servicios
de emergencia como los bomberos, y
también escuelas y hospitales. Los impuestos
pueden usarse asimismo para pagar bienes
públicos, como las carreteras o el alumbrado de la
vía pública, que las empresas privadas no podrían
producir de forma rentable. El tipo de productos y
servicios que proporciona el Estado varía de un país

◉ Pagar impuestos

Pagamos en impuestos parte de lo que ganamos. Con ello se dan servicios públicos que benefician al conjunto de la sociedad.

NADA CUESTA TANTO DE ENTENDER COMO EL IMPUESTO SOBRE LA RENTA.

ALBERT EINSTEIN, FÍSICO DE ORIGEN ALEMÁN

a otro. Algunos gastan una parte importante del dinero recaudado con los impuestos en ayudas sociales destinadas a los pobres, los discapacitados o los desempleados, y en pensiones para las personas mayores, o en un sistema sanitario para todos. Otros prefieren proporcionar solo servicios básicos, para que los gastos gubernamentales y los impuestos sean mínimos.

Hacer que sea justo

Proporcionar bienes y servicios públicos no es la única razón para recaudar impuestos. Al gravar con impuestos determinados productos, los gobiernos influyen en el mercado. Por ejemplo, pueden gravar con un impuesto los productos de una industria que contamina el medio ambiente. Dichos productos pasan a ser más caros, de modo que tanto el productor como los compradores se ven obligados a buscar una alternativa. Muchos gobiernos también gravan con impuestos cosas como el alcohol o el tabaco, a fin de potenciar estilos de vida más saludables.

Los gobiernos tienen distintas formas de recaudar fondos, es decir, de cobrar impuestos. Cobrando directamente una parte del dinero que una persona gana trabajando –impuesto sobre la renta– o de los beneficios de una empresa. O teniendo en cuenta la cantidad de propiedades, o patrimonio, que posee una persona. Los impuestos directos como el

El primer impuesto progresivo sobre la renta fue recaudado en Gran Bretaña en 1799 para financiar la guerra con Francia.

impuesto sobre la renta suelen ser progresivos, es decir, cuanto más dinero gana una persona, más tiene que pagar. Existen también los impuestos indirectos, como es el IVA, que se añade al precio de los productos o servicios. Estos suelen criticarse porque son regresivos: las personas pobres pagan una proporción mayor de sus ingresos en impuestos indirectos que las ricas.

Una pesada carga

La mayoría de las personas están de acuerdo en pagar por los servicios públicos, pero los impuestos son vistos como una carga. Los economistas que están a favor del libre mercado aseguran que las empresas privadas pueden proporcionarlo todo menos los servicios básicos, y que unos impuestos elevados son un obstáculo para el mercado. Los economistas más liberales afirman que impuestos más bajos favorecen la creación de empresas, mientras que los progresistas aseguran que los mercados precisan cierta regulación, y que los impuestos eliminan parte de la injusticia inherente al libre mercado.

Ver también: 100-101, 118-119

NO HAY NADA SEGURO EN ESTE MUNDO... SALVO LA MUERTE Y LOS IMPUESTOS.

BENJAMIN FRANKLIN, POLÍTICO ESTADOUNIDENSE

EVASIÓN FISCAL

Existen leyes para garantizar que todo el mundo pague los impuestos que le corresponden, y la evasión fiscal es ilegal. Nadie quiere pagar más de lo que le corresponde, y algunos encuentran la forma de no pagar impuestos. Por ejemplo, registrando la sede de una empresa en un paraíso fiscal, es decir, un país con fiscalidad muy baja.

¿Cómo será el

EN EL MERCADO, EL PRECIO DE LOS PRODUCTOS SUBE Y BAJA, EN FUNCIÓN DE LA OFERTA Y LA DEMANDA. UNA EMPRESA QUIERE COMPRAR LAS MATERIAS PRIMAS CUANDO SU PRECIO ES BAJO, PERO A MENUDO TIENE QUE HACER EL PEDIDO CON MESES DE ANTELACIÓN. SI LAS PAGA AL PRECIO ACTUAL, PUEDE SALIR PERDIENDO SI EL PRECIO CAE, PERO SI SUBE SE BENEFICIARÁ.

¡Hagan sus apuestas!

Productos como el petróleo, los metales o el trigo se compran y venden en los mercados, donde los compradores y los vendedores negocian el precio. Una petrolera, por ejemplo, acepta suministrar crudo a una refinería a un cierto precio por barril. A diferencia de un mercado callejero, en el que el comprador paga los productos y se los lleva a casa, el petróleo no está allí para que el comprador pueda usarlo de inmediato. Puede estar en otro país, o todavía en el subsuelo. En ese momento el dinero no cambia de manos. El comprador simplemente se compromete a pagar el precio acordado por cierta cantidad de petróleo en la fecha fijada, y el vendedor se compromete a suministrarle dicha cantidad a ese precio. El acuerdo al que han llegado se conoce como contrato a término o «término». Como el trato no se completará hasta al cabo de varios meses, ambas partes apuestan por el precio futuro del petróleo. Hasta que el petróleo no se entrega y se paga, el acuerdo de suministrar el petróleo, o de comprarlo, puede ser vendido a otro vendedor o comprador. El comprador acuerda comprar a quienquiera que mantenga el acuerdo de suministrar, y el vendedor acepta vender el petróleo a quienquiera que mantenga el acuerdo de comprar. Ambas partes del contrato a término pueden cambiar el acuerdo y la fecha.

> El valor de los derivados suele ser mayor que el de los mismos activos que se negocian.

Promesas, promesas

Los contratos a término se negocian en el «mercado de futuros», donde no se negocia el producto, sino la promesa de suministrarlo o de pagar por él. El valor de dichas promesas deriva del producto y por ello se las conoce como derivados.

Los operadores de los mercados de divisas también hacen contratos a término, ya que acuerdan comprar o vender divisas a un tipo de cambio prefijado en una fecha establecida, y todo ello es negociable. Los derivados pueden plantearse con casi todo lo que puede comprarse o venderse, siempre que haya un contrato entre el vendedor y el comprador.

CUANDO UN COMPRADOR Y UN VENDEDOR ACUERDAN LOS TÉRMINOS DE UNA

LOS DERIVADOS SON ARMAS FINANCIERAS DE DESTRUCCIÓN MASIVA.
WARREN BUFFET, MAGNATE E INVERSOR ESTADOUNIDENSE

FUTURO?

TRANSACCIÓN FUTURA, AMBOS INTENTAN PREDECIR CUÁL SERÁ EL PRECIO REAL

> **... NADIE ENTIENDE LAS OBLIGACIONES Y LOS DERIVADOS SOBRE CRÉDITOS IMPAGADOS, SALVO TAL VEZ EL SR. BUFFET Y LOS ORDENADORES QUE LOS CREARON.**
>
> RICHARD DOOLING, NOVELISTA ESTADOUNIDENSE

Cruzar los dedos

Incluso los contratos entre los bancos y las personas a las que prestan dinero son también derivados que pueden comprarse y venderse. Así, el contrato de préstamo es un acuerdo a pagar en un cierto plazo. El banco puede vender esa deuda como un «producto financiero». Los propios derivados, al negociarse, conllevan acuerdos entre compradores y vendedores que pueden convertirse en derivados de otros derivados, en un mercado cada vez más complejo. Pero aunque la compra y la venta de derivados puede resultar desconcertante, incluso para los economistas, la idea básica es muy simple. Cuando se acuerda comprar o vender algo en el futuro, ambas partes esperan que el precio acordado cambiará favoreciendo sus intereses, o como mínimo que se mantendrá.

VENTA AL DESCUBIERTO

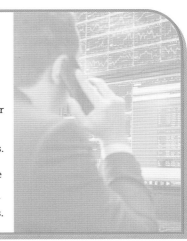

Un operador de derivados puede ganar, aunque el precio baje, con la «venta al descubierto». Puede pedir prestadas 100 acciones y venderlas a 10 euros cada una, obteniendo 1.000 euros. Si el precio cae a 5 euros, las compra por 500, y puede devolver las acciones (más intereses por el préstamo) y quedarse con casi 500 euros.

Negocio y **RIESGO**

Ver también: 74-75, 78-79

LOS MERCADOS TIENEN ALTIBAJOS, Y LOS PRECIOS SUBEN Y BAJAN CON LA OFERTA Y LA DEMANDA. ES IMPOSIBLE SABER CON SEGURIDAD QUÉ OCURRIRÁ EN EL FUTURO, PERO LOS OPERADORES DEBEN TOMAR DECISIONES SOBRE QUÉ COMPRAR Y VENDER BASÁNDOSE EN SUS PREVISIONES Y, HASTA CIERTO PUNTO, DECIDIR LOS RIESGOS QUE ESTÁN DISPUESTOS A CORRER.

¿Qué nos deparará el futuro?

Como cualquier otro ámbito, la actividad económica conlleva incertidumbre y riesgo. Si compras entradas para un festival musical, por ejemplo, es posible que tengas que comprarlas varios meses antes, y no puedes estar seguro de que el grupo que quieres ver vaya a actuar; además existe el riesgo de que tengan que cancelarlo a causa del mal tiempo. Las empresas deben tomar decisiones parecidas cuando planifican el futuro. En economía, no es lo mismo riesgo que incertidumbre. Hay cosas que no pueden predecirse, sobre todo si miramos a muy largo plazo,

> En lenguaje coloquial, riesgo indica la posibilidad de que algo malo ocurra, pero para los economistas puede ser tanto algo bueno como malo.

por ejemplo, los avances tecnológicos que se producirán en cinco años, o la aparición de una enfermedad que arruinará la cosecha de café de este año. El futuro es incierto y es imposible saber cómo afectará dicha incertidumbre a las decisiones que tomemos hoy.

Riesgo bajo, riesgo alto

Pero hay cosas que podemos predecir con cierta seguridad, especialmente en un futuro próximo. Por ejemplo, si una cafetería tiene clientes asiduos, y su número ha aumentado de manera regular, lo más probable es que siga aumentando en un futuro inmediato. Y si una empresa que fabrica ropa de invierno sabe que todos los años las ventas remontan a finales de verano, lo más seguro es que ocurra lo mismo este año. En ambos casos, el riesgo de que suceda algo distinto es bajo. Pero los planes empresariales pueden conllevar un alto nivel de riesgo. Así, una compañía puede decidir correr el riesgo de producir impermeables en primavera a pesar de que las predicciones dicen que el verano será seco y caluroso. Si se cumplen las previsiones, la compañía habrá perdido el dinero que podría haber ganado vendiendo bañadores, pero si resulta ser un verano lluvioso, serán los únicos proveedores de ropa adecuada y ganarán mucho más dinero. Así pues,

MERCADO EN ALZA O A LA BAJA

En el mercado bursátil y en el de los bonos, a alguien que predice que los precios van a subir se lo suele calificar como un «toro», mientras que a alguien que predice que los precios bajarán se le considera un «oso». De ahí que en inglés a un mercado en alza, aquel en el que los precios suben de manera regular, se le llame «bull market» y a un mercado a la baja, en el que los precios descienden, se le llame «bear market».

> TE CONTARÉ EL **SECRETO** PARA **HACERSE RICO** EN WALL STREET. HAY QUE SER **AMBICIOSO** CUANDO LOS DEMÁS SON **TEMEROSOS**, E INTENTAR SER **TEMEROSO** CUANDO LOS DEMÁS SON **AMBICIOSOS**.
>
> **WARREN BUFFETT**

cuando una empresa planifica lanzar un producto, o comprar artículos para la temporada siguiente, analiza las tendencias del mercado para determinar el riesgo que asume. Por su parte, los inversores también analizan los informes sobre la compañía, si las ventas han aumentado y los precios han subido, para decidir si compran acciones o no.

Ver también: 86-87, 142-143

Sentirse seguro

Para un operador, la información sobre el pasado es vital para predecir el futuro. Ayuda a evaluar lo arriesgada que es una decisión a la hora de vender y comprar. Son muchos los factores que influyen en las tendencias futuras del mercado, así que determinar el grado de riesgo puede resultar bastante complejo. A veces comporta incluso el uso de fórmulas matemáticas y modelización informática. Pero ni siquiera los métodos más sofisticados pueden tener en cuenta todas las posibilidades. Muchas decisiones se basan tanto en complejas fórmulas matemáticas como en corazonadas. Los operadores experimentados desarrollan un «sexto sentido» para el mercado en el que trabajan, y se amparan en lo seguros que están a partir de su experiencia y del comportamiento de otros comerciantes. En la bolsa, el precio de las acciones depende tanto de la confianza que la gente tiene en la empresa como de su rendimiento.

¿Qué probabilidad?

No podemos predecir el resultado de las decisiones económicas, pero podemos calcular su probabilidad. Los resultados menos probables ofrecen las mayores recompensas.

A MAYOR RIESGO, MAYOR BENEFICIO

JUGAR sobre

Ver también: 50-51

EL MUNDO DE LOS MERCADOS FINANCIEROS, DONDE SE COMERCIA CON VALORES, ES COMO UN CASINO EN EL QUE COMPRADORES Y VENDEDORES APUESTAN SOBRE SU VALOR FUTURO. ALGUNAS APUESTAS SON SEGURAS Y OTRAS ARRIESGADAS. LOS OPERADORES TIENEN MÉTODOS SOFISTICADOS PARA CALCULAR LA PROBABILIDAD DE GANAR DINERO Y REDUCIR RIESGOS.

¿Qué es un producto financiero?

Como en cualquier mercado, la actividad de los mercados financieros implica transacciones entre compradores y vendedores. Lo que hace que los productos financieros sean difíciles de entender es su naturaleza. Para empezar, son bienes intangibles que no pueden verse ni tocarse, como acciones de una compañía o bonos del Estado. Además, los compradores reciben únicamente un comprobante de propiedad por aquello que han comprado, como un certificado de participaciones o de bonos. Dichos documentos se conocen como instrumentos financieros, y representan el acuerdo entre el comprador y el vendedor.

La expresión «Momento Minsky» se usó por primera vez para describir el inicio de la crisis financiera que se produjo en Rusia en 1998.

¿Seguro y protegido?

En términos generales, existen tres tipos de productos financieros o valores que se comercializan públicamente. Algunos son en forma de acciones. Las compañías venden acciones a través del mercado bursátil para recaudar dinero. La persona que las compra pasa a poseer parte de esa compañía, y el valor de dicha participación, conocida también como equidad, depende de los beneficios que obtenga la compañía. Están también los «títulos de crédito», que incluyen los bonos emitidos por corporaciones y gobiernos. Quien los compra en realidad está prestando dinero a quien los emite, en vez de comprando una acción de la empresa, y el bono es una garantía de que el préstamo será devuelto en una fecha determinada más la cantidad acordada de intereses. En los mercados financieros también se comercia con instrumentos financieros más complejos, como contratos a futuro y otros derivados (ver pp. 78-79).

¿Cuál es el riesgo?

El valor de estos valores puede subir o bajar, por supuesto, como cualquier otro producto que se comercializa en un mercado. Algunas, como las acciones de una compañía

EL MOMENTO MINSKY

El economista estadounidense Hyman Minsky afirmaba que los períodos de estabilidad económica llevan a un exceso de confianza, lo que hace que los operadores corran mayores riesgos convencidos de que los precios seguirán subiendo. Pero es inevitable que llegue un momento, el «Momento Minsky», en el que queda claro que esa confianza era infundada, los deudores no pueden pagar sus deudas y se da una crisis financiera.

seguro

importante y consolidada, o los bonos del Estado, son apuestas bastante seguras, de modo que sus dueños suelen obtener una rentabilidad razonable por su dinero. Pero –y ahí está el riesgo– si compras valores más arriesgados puedes lograr un mayor beneficio. Los avances en la tecnología de la información han hecho posible que los operadores de los mercados financieros encuentren nuevas formas de calcular el riesgo que conlleva comprar garantías. Han contratado analistas financieros con conocimientos en matemáticas y física con el fin de vencer al sistema y encontrar formas de conseguir beneficios sin riesgos. Así, los analistas han creado nuevos productos financieros, como los derivados de títulos de crédito. Entre ellos, los préstamos hechos por los bancos a compañías sin una reputación reconocida, o

a personas cuyo trabajo puede correr riesgo. Dado que el deudor puede no devolver el préstamo, para el banco es un activo de riesgo. Pero si juntan algunos de estos préstamos con otros más seguros, pueden venderlos en un «paquete» como un título de deuda.

Peligro oculto

Puede parecer que esta «ingeniería financiera» casi no tiene riesgos, ya que a menos que un número considerable de deudas no se devuelvan, el juego debería compensar. Por desgracia los operadores, que no suelen tener las habilidades matemáticas de los analistas, suelen mostrar exceso de confianza y subestimar los riesgos.

Ver también: 90-91, 126-127

◗ Ampliar las apuestas
El alto riesgo de algunas inversiones puede camuflarse si se incluyen en un paquete de opciones más seguras, como los bonos del Estado.

NEGOCIAR CON PRODUCTOS FINANCIEROS ES APOSTAR POR SU VALOR FUTURO

ACCIONES

PRÉSTAMOS

BONOS

VALORES

HIPERINFLACIÓN

EL DESASTRE DE LA REPÚBLICA DE WEIMAR

UNA CRISIS, COMO POR EJEMPLO UNA GUERRA, PUEDE DESENCADENAR UNA ESPIRAL DE HIPERINFLACIÓN EN LA QUE LOS PRECIOS SE DISPARAN EN CIENTOS O MILES POR CIEN AL AÑO. LA MONEDA SE DEVALÚA, PUES TODOS SE LANZAN A GASTAR EL DINERO ANTES DE QUE ESTE PIERDA SU VALOR. A MENUDO ES EL MISMO GOBIERNO EL QUE LA PROVOCA IMPRIMIENDO DINERO PARA COMPENSAR LA FALTA DE INGRESOS O RESERVAS.

Entre 1921 y 1924, la República de Weimar (la actual Alemania) sufrió una hiperinflación catastrófica. Tras pagar gran cantidad de oro por compensaciones de guerra, el gobierno se puso a emitir dinero a gran escala para mantener el gasto público, lo que hizo caer el valor del marco (la moneda de la época) y los precios se dispararon. En 1923, la inflación alcanzó un 30.000% al mes: los precios se doblaban cada dos días.

«**La inflación** es tan violenta como un agresor, tan aterradora como un atracador armado y tan **letal** como un **sicario**».

RONALD REAGAN, PRESIDENTE DE ESTADOS UNIDOS (1981–1989)

BILLETES GRANDES

000.000.000.000.000

Cuando se produce una hiperinflación los precios se disparan de manera astronómica y el gobierno intenta compensarlo con la emsión de billeres de mayor valor. En 1922, el billete de mayor valor en la República de Weimar era de 50.000 marcos, mientras que un año después alcanzaba los 100 billones. Los billetes más pequeños tenían tan poco valor que habría resultado más económico empapelar una habitación con dichos billetes que con papel pintado.

¡En 2015, un dólar costaba en Zimbabue 35.000 billones de la moneda local!

Una carretilla de dinero

Tras un período de caos e incertidumbre, el gobierno puede emitir más dinero para intentar reactivar el consumo. Por desgracia, eso puede provocar la hiperinflación y hacer que los precios se disparen de forma alarmante.

LAS VÍCTIMAS

Los más perjudicados a causa de la hiperinflación son los menos favorecidos. Los ricos sobreviven comprando divisas extranjeras, y en Weimar, los trabajadores afiliados a un sindicato pudieron presionar para conseguir un salario mejor y poder hacer frente a los precios. Pero el resto, los agricultores y los oficinistas, vieron que su sueldo perdía valor frente a los precios. Quienes vivían de sus ahorros y pensiones se vieron muy afectados.

4 000 000
6 000 000
12 000 000
50 000 000

ZIMBABUE

A finales de los años noventa del siglo xx y durante una década, Zimbabue sufrió la que ha sido probablemente la peor hiperinflación de la historia. Empezó al poco de que las granjas privadas fueran confiscadas y el gobierno comenzara a emitir dinero para contrarrestar la caída de la producción. Los precios cambiaban varias veces al día en las tiendas y los billetes estaban tan devaluados que la gente llevaba el dinero en carretilla. En noviembre del 2008, la inflación alcanzó la increíble cifra de 79,6 billones por ciento.

¿Es **BUENA** la

AL DESCRIBIR EL FUNCIONAMIENTO DE LOS MERCADOS, EL ECONOMISTA ADAM SMITH AFIRMÓ QUE «SI TENEMOS CENA NO ES GRACIAS A LA BENEVOLENCIA DEL CARNICERO, DEL CERVECERO O DEL PANADERO, SINO A QUE SE PREOCUPAN POR SU PROPIO INTERÉS». ASÍ QUE SI TODO EL MUNDO ACTÚA SEGÚN SUS INTERESES, TODOS PODEMOS SALIR GANANDO, PERO ¿REALMENTE ESTÁ BIEN SER EGOÍSTA?

> LO DIFÍCIL DE LA **ORGANIZACIÓN SOCIAL** ES QUÉ ACUERDO ESTABLECER PARA QUE LA **CODICIA** CAUSE EL **MENOR DAÑO** POSIBLE. EL **CAPITALISMO** ES ESE ACUERDO.
>
> MILTON FRIEDMAN

Ver también: 46-47, 54-55

Todo tiene que ver conmigo

Cuando decidimos qué productos y servicios vamos a comprar y el precio que estamos dispuestos a pagar por ellos, intentamos conseguir el mejor trato posible para nosotros. Sería estúpido no hacerlo. Pero los productores no nos proporcionan dichos productos y servicios solo para nuestro beneficio, sino para ganar dinero, por lo que también tratarán de obtener el mejor precio posible. En el mercado, cada uno actúa en su propio interés. Según los economistas que creen en el libre mercado, todo el mundo sale ganando. Los productores venden sus productos y obtienen beneficios y los compradores pagan un precio justo por las cosas que quieren y necesitan. La competencia con otros que protegen sus propios intereses estimula la productividad y la innovación, lo que nos proporciona productos nuevos y mejores, y precios más bajos. El interés propio, según los economistas, es por tanto algo bueno.

Un porcentaje más grande

Sin embargo, la mayoría de la gente no tiene una visión tan optimista. Opina que muchos negocios son codiciosos y agresivos. Muchos no se conforman con tener lo suficiente para satisfacer sus necesidades y caen en la tentación de obtener más sin tener en cuenta las necesidades y deseos de los demás. Las empresas y los consumidores codiciosos intentan obtener más de lo que les corresponde, y se hacen ricos a expensas de otros. Quizá esa injusticia sea inevitable en el libre mercado, ya que anima a actuar por propio interés y a lograr

¿ES MALO SER EGOÍSTA... O AL FINAL TODOS SALEN GANANDO?

codicia?

el mejor trato posible. Hasta cierto punto, el negocio más egoísta será el de mayor éxito. Según esto, podría parecer que la codicia es buena para los negocios.

> SIEMPRE SUPIMOS QUE MOVERSE SOLO EN **INTERÉS PROPIO** ES MALO MORALMENTE. AHORA SABEMOS QUE TAMBIÉN LO ES **ECONÓMICAMENTE.**
>
> FRANKLIN D. ROOSEVELT, EXPRESIDENTE DE ESTADOS UNIDOS

No podemos estar seguros

Pero podría no ser tan bueno para el conjunto de la sociedad. Más allá de las consideraciones morales, es decir si está bien o mal, la codicia tiene efectos negativos sobre la economía. Las empresas codiciosas pueden hacerse ricas y poderosas, acabando con sus competidores y formando monopolios, que dominan el mercado. Los consumidores pueden salir perdiendo si los productores anteponen

> Gordon Gekko, el protagonista de la película *Wall Street*, afirma «La codicia es buena, es necesaria y... funciona».

los beneficios a la calidad de los productos. Y las compañías pueden fracasar si sus directivos corren riesgos innecesarios para obtener beneficios rápidamente. El principal problema, no obstante, es que el interés propio puede llevar a las empresas a producir productos y servicios que perjudiquen el medio ambiente, con graves consecuencias para todos. Por eso los gobiernos suelen regular los negocios y los mercados. Muchos economistas socialistas creen que el problema son los mercados competitivos en sí, y la codicia no es más que un síntoma. Karl Marx decía que debían ser abandonados y sustituidos por industrias que pertenecieran y fueran dirigidas por la gente. Otros menos radicales abogan por las sociedades cooperativas dirigidas por sus miembros, los trabajadores y los consumidores de dicha sociedad, para su mutuo beneficio.

¿Santo o pecador?

Podemos pensar que si un empresario es rico es que es egoísta, pero es posible producir bienes o servicios valiosos y ofrecer trabajos bien pagados y aun así tener éxito.

INFORMACIÓN PRIVILEGIADA

En el mercado bursátil, un operador puede obtener información privada sobre una empresa que puede influir en el precio de sus acciones y que los clientes desconocen. Así, puede vender las acciones antes de que su precio baje o comprarlas si sabe que su precio va a subir. Este tipo de «información privilegiada» es ilegal en muchos países.

La decisión

MUCHAS TEORÍAS ECONÓMICAS SE BASAN EN CÓMO FUNCIONARÍAN LAS COSAS EN UN MUNDO IDEAL, Y NO EN CÓMO FUNCIONAN EN LA PRÁCTICA. PERO LA ECONOMÍA CONDUCTUAL ESTUDIA CÓMO SE TOMAN LAS DECISIONES ECONÓMICAS EN LA VIDA REAL. DE HECHO, ANALIZA TANTO LA ECONOMÍA COMO EL COMPORTAMIENTO HUMANO.

Ver también: 80-81, 82-83

«TENGO UNA CORAZONADA»

«PARECE UNA BUENA INVERSIÓN»

«NO SOPORTO VERLE FRACASAR»

«ME DA LA IMPRESIÓN DE QUE VA A IR BIEN»

MUCHAS TEORÍAS ECONÓMICAS DAN POR SUPUESTO QUE DECIDIMOS DE MANERA RACIONAL...

«DEBERÍA FUNCIONAR»

«LA ÚLTIMA VEZ FUE BIEN»

«ME HAN DICHO QUE ES MUY BUENA OPCIÓN»

El hombre económico

Las teorías económicas suelen dar por sentado que las personas toman las decisiones económicas de manera racional, sopesando todos los pros y contras. Se basan en una especie de «hombre económico» ideal que representa nuestra forma de actuar cuando decidimos si compramos o vendemos algo, o si ahorramos o invertimos nuestro dinero. Este hombre económico ideal tiene acceso a toda la información necesaria, que puede usar para tomar una decisión lógica. Pero está claro que dicha persona no existe y que las personas reales no actúan de una manera tan racional y calculadora. Por eso algunos economistas se han dedicado a observar cómo tomamos las decisiones.

Decisiones suficientemente buenas

Uno de los pioneros en este campo de la economía conductual fue el científico y político americano Herbert Simon. En la segunda mitad del siglo xx incorporó ideas procedentes de la psicología, la sociología y la informática a su estudio sobre la economía. Simon observó que cuando se encuentran ante un problema o una decisión económica, las personas no siempre usan la lógica, es decir, no tienen en cuenta todas las posibilidades. No es que no actuemos de un modo racional, sino que tenemos lo que Simon denominaba una «racionalidad limitada». Sugería que uno de los problemas era que suele haber demasiadas cosas que considerar, ya que los problemas económicos tienen muchas

DANIEL KAHNEMAN (1934–)

Daniel Kahneman, psicólogo más que economista, obtuvo el premio Nobel de Ciencias Económicas en 2002 por su trabajo sobre la toma de decisiones. Nació en Tel Aviv pero se crio en París. En 1954, se licenció en psicología en la Universidad Hebrea de Jerusalén, Israel, y posteriormente trabajó en distintas universidades de su país y de Estados Unidos junto a su colega Amos Tversky.

CORRECTA

SI EL **ROJO** TIENE UNA **BUENA RACHA** EN LA **RULETA**, LA MAYORÍA PIENSA ERRÓNEAMENTE QUE A LA PRÓXIMA TOCA EL **NEGRO**.

DANIEL KAHNEMAN Y AMOS TVERSKY

¡Decídete!
Cuando debemos tomar una decisión, solemos guiarnos por la intuición, y no por el pensamiento racional, porque es más fácil y rápido, y porque suele dar buenos resultados.

variables. Y el cerebro de las personas corrientes no funciona como un ordenador y por lo tanto no procesa toda la información de manera lógica, sino que usamos reglas generales, o «heurística». Aunque no es la solución ideal, ello nos permite tomar decisiones «suficientemente buenas».

Sé realista

Simon mostró la relación entre la economía y la psicología, y los psicólogos Daniel Kahneman y Amos Tversky se encargaron de desarrollar sus ideas. Al igual que Simon, vieron que solemos decidir en base a informaciones incompletas, por ejemplo nuestra experiencia o algo que hemos oído, en vez de examinar todas las opciones. Como queremos decidir rápido y sin pensar demasiado, solemos hacer suposiciones erróneas o actuar por intuición, corazonadas o lo que nos gustaría. Y a veces estamos simplemente equivocados. Un ejemplo claro sería «la falacia del jugador»: si lanzas una moneda y sale cruz diez veces seguidas, la mayoría piensa que hay más probabilidades de que la siguiente salga cara, pero de hecho sigue habiendo un 50% de posibilidades independientemente de lo que haya pasado antes. Y por poco que nos parásemos a

... PERO RARAMENTE TENEMOS EN CUENTA TODAS LAS OPCIONES IMPLICADAS.

Si nos dan a elegir entre tres productos similares de distinto precio, solemos escoger el de precio intermedio, no el más barato.

pensar, sabríamos que es así. Kahneman explica que podemos pensar de manera racional, pero es más rápido y sencillo tomar decisiones de forma intuitiva y emocional. A partir de su estudio, los economistas se dan cuenta de que las teorías basadas en el comportamiento perfectamente racional del «hombre económico» y en los cálculos y la modelización informática propia de los analistas económicos quizá no ofrecen una imagen completa y veraz sobre el funcionamiento de las economías en el mundo real.

Ver también: 132–133, 142–143

LA CRISIS DE 2008

EN SEPTIEMBRE DE 2008, PARA SORPRESA DE TODOS, QUEBRÓ LEHMAN BROTHERS, UNO DE LOS MAYORES BANCOS DE INVERSIÓN. SU COLAPSO MARCÓ EL INICIO DE LO QUE MUCHOS ECONOMISTAS CONSIDERAN LA PEOR CRISIS FINANCIERA DESDE LA GRAN DEPRESIÓN DE LOS AÑOS TREINTA DEL SIGLO XX. OTROS MUCHOS BANCOS SE SALVARON GRACIAS A GRANDES RESCATES ESTATALES. MUCHAS PERSONAS PERDIERON SU CASA Y SU TRABAJO Y LOS MERCADOS DEL MUNDO QUEDARON PARALIZADOS.

LA RAÍZ DE LA CRISIS

Los economistas no se ponen de acuerdo sobre sus causas. Pero una de ellas fue el fracaso de los créditos hipotecarios en Estados Unidos. Se trataba de hipotecas concedidas a personas con un mal historial de crédito. La «ingeniería financiera» de los bancos principales agrupó estos créditos para venderlos a otros bancos. El problema fue que en cuanto unos pocos prestatarios no pudieron pagar sus hipotecas, estos activos se desplomaron como un castillo de naipes y los bancos que los habían comprado perdieron buena parte de su valor.

Crisis bancaria ➜
La quiebra de varios bancos en 2007 y 2008 desencadenó un crac financiero en todo el mundo. Se perdieron billones de dólares y los gobiernos se vieron obligados a intervenir para evitar que otros bancos también quebraran.

PAQUETES DE DEUDA

Muchos creen que con la liberalización bancaria en los años ochenta del siglo XX, los bancos aplicaron demasiada «ingeniería financiera» y desarrollaron planes demasiado arriesgados para ganar dinero, consistentes en comprar y vender cosas como garantías sobre los préstamos, y crearon complejas cadenas de deuda. Arriesgaban grandes sumas de dinero sin tener reservas para asumir las pérdidas. A raíz de la crisis, salieron a la luz muchos casos de malas prácticas financieras.

DEMASIADO GRANDES

Cuando los bancos principales se desplomaron, los gobiernos intervinieron. Si esos bancos quebraban, millones de personas con una cuenta bancaria podían enfrentarse a la ruina económica. Se consideraba que los bancos eran «demasiado grandes para quebrar» sin consecuencias desastrosas. Pero la deuda acumulada era enorme. Solo en Estados Unidos rescatar a los bancos costó 16,8 billones de dólares, una tercera parte del producto interior bruto (PIB) del país.

LA GRAN RECESIÓN

La crisis financiera de 2008 condujo a la Gran Recesión, un período de estancamiento del crecimiento económico en todo el mundo. No todos los países se vieron afectados del mismo modo, pero la recesión hizo que en 2009 el PIB mundial bajara por primera vez desde la Segunda Guerra Mundial. Muchos gobiernos, preocupados porque la deuda estatal seguía creciendo, recortaron gastos aplicando políticas de austeridad. Algunos economistas aducen que esta estrategia pudo empeorar las cosas.

En octubre de 2008, al derrumbarse los mercados, la mayoría de las empresas perdieron buena parte de su valor.

> «Lo que **sabemos** de la **crisis financiera global** es que **no sabemos** mucho de ella».

PAUL SAMUELSON, GANADOR DEL PREMIO NOBEL DE ECONOMÍA DE 1970

Ver también: 34-35, 76-77

El coste: la

EN LOS DOS ÚLTIMOS SIGLOS MUCHOS PAÍSES SE HAN ENRIQUECIDO MÁS QUE NUNCA GRACIAS A LA INDUSTRIA. LOS PAÍSES INDUSTRIALIZADOS HAN EXPERIMENTADO UN CRECIMIENTO ECONÓMICO CONSTANTE Y UNA MEJORA DEL NIVEL DE VIDA. PERO ESA PROSPERIDAD TIENE UN COSTE YA QUE HA DAÑADO EL PLANETA, Y ES UN COSTE QUE DEBEMOS EMPEZAR A PAGAR YA.

Predicciones pesimistas

Con las primeras industrias modernas a finales del siglo XVIII (ver pp. 42–43) parecía que se podía producir sin límite. Los recursos naturales, como el carbón y el hierro, parecían inagotables e incluso las granjas se volvieron más productivas gracias al aumento de la mecanización. A medida que las sociedades se enriquecían, consumían más, y la industria satisfacía la demanda suministrando más productos. No había ninguna razón para pensar que esta mejora continua del nivel de vida fuera a terminar. Ya entonces, no obstante, algunos economistas tenían sus dudas. Robert Malthus, por ejemplo, advirtió que también la población estaba aumentando y que con el tiempo su nivel de consumo podía sobrepasar la oferta. Durante los siglos XIX y XX, sus advertencias parecían pesimistas, pero en el siglo XXI la población ha aumentado drásticamente, lo que ha incrementado la demanda de recursos esenciales. También se ha hecho evidente que vivimos en un planeta con recursos limitados, y que vamos a tener que reducir su consumo. El terreno que podemos usar para producir alimentos es limitado y también el suministro de agua potable. Pero no consumimos solo comida. Nuestro estilo de vida ha generado demanda de productos manufacturados, energía y transportes que exigen el suministro de recursos como carbón, gas, petróleo y minerales que no pueden ser reemplazados.

> Entre 2003 y 2015 la población mundial ha aumentado en 1.000 millones de personas, y se han alcanzado los 7.300 millones.

¿Cuál es el coste?

La industrialización además está dañando el medio ambiente. Algunos ejemplos claros son las fábricas contaminantes y los camiones diésel que estropean la calidad del aire en las ciudades, pero existen otros problemas graves. Las emisiones de gases de efecto invernadero, como el CO_2, causan el calentamiento global, que provoca el cambio climático que amenaza la producción de alimentos, así como condiciones climáticas

ACCIÓN CONJUNTA

Problemas como la contaminación, el agotamiento de recursos y el cambio climático no se limitan solo a algunos países y no entienden de fronteras. Se necesitan soluciones económicas, pero también voluntad política para ponerlas en práctica. Las medidas de reducción del consumo y para regular la industria deben adoptarse a nivel mundial, por lo que resulta fundamental la cooperación internacional.

TIERRA

LOS RECURSOS NATURALES LIMITADOS DEL PLANETA MENGUAN A MEDIDA QUE NUESTRO ÍNDICE DE CONSUMO AUMENTA.

extremas y el aumento del nivel del mar, que destrozan bienes y perjudican los negocios. Asimismo, la industria afecta la producción agrícola de otras formas. La contaminación afecta la tierra, los ríos y los mares, y las tierras de labranza se usan para construir industrias manufactureras o para extraer minerales. Se ha intentado aumentar la producción agrícola talando grandes extensiones de selva tropical, usando herbicidas y pesticidas, y desarrollando cultivos genéticamente modificados, lo que puede alterar el equilibrio de los ecosistemas. El coste para el medio ambiente ya es enorme, y a menos que las cosas cambien, los daños provocados acabarán con la era industrial y su creciente prosperidad.

Sancionar a quien contamina

Una de las medidas económicas podría ser hacer pagar más impuestos a las empresas que contaminen. Estos impuestos llevarían a las empresas a buscar métodos de producción más limpios y daría dinero al gobierno para abordar el problema. Asimismo, los gobiernos pueden limitar las emisiones y sancionar a las empresas que superen las cuotas, o sea la cantidad que pueden emitir. En un sistema de comercio de los derechos de emisión, las empresas que no contaminan pueden vender su cuota a otras compañías, así que las más limpias son recompensadas y las que contaminan pagan más.

◑ **Planeta finito**
Los recursos de la tierra son limitados, y a medida que crecen la economía y la población, el consumo aumenta. Si no aprendemos a consumir menos, los recursos serán cada vez más escasos y más costosos.

Ver también: 104–105, 112–113 ➜

LLENO

VACÍO

Cuando la gente invierte en acciones u otros productos financieros, lo hace para obtener un beneficio. Pero los mercados cambian constantemente, así que el valor de sus inversiones puede subir o bajar. Otros optan por ganar menos pero invertir en productos más seguros, como los bonos del Estado o las cuentas de ahorro.

AUGE Y DECADENCIA

Mientras muchos países pobres luchan por sobrevivir, otros se desarrollan rápidamente gracias a un crecimiento sin precedentes y algunos países desarrollados más antiguos están en declive. En economía no hay nada seguro y es posible que dentro de cien años otras potencias económicas hayan reemplazado a Estados Unidos, Europa y Japón.

Mercados y comercio en la
PRÁCTICA

PREVISIONES ECONÓMICAS

Muchas decisiones económicas implican predecir lo que ocurrirá en el futuro, por ejemplo si los precios subirán o bajarán. Los economistas usan complejos algoritmos para sus pronósticos, pero ni siquiera estos pueden tener en cuenta la incertidumbre natural, como el clima, ni el hecho de que la gente suele actuar de forma impredecible.

COMERCIO ILEGAL

La mayoría de los países tienen restricciones sobre lo que se puede o no importar. Pueden gravar con impuestos ciertos productos, como el tabaco y el alcohol, mientras que otros, como las armas y las drogas, pueden estar prohibidos. Pero siempre hay demanda de estos productos, por lo que meterlos de contrabando en el país puede ser muy lucrativo.

El comercio mundial ha enriquecido a algunos países, y los países pobres también se benefician de la exportación de mercancías. La demanda de productos baratos ha crecido y también los viajes al extranjero, por lo que el transporte es un sector importante. Pero eso tiene un coste para el medio ambiente, a causa de la contaminación de los combustibles.

EL COSTE DEL TRANSPORTE

UNA RENTA BÁSICA

Algunos economistas, como Milton Friedman, afirman que el sistema tributario debería ofrecer dinero a las personas con pocos ingresos. Se trataría de establecer un «impuesto negativo sobre la renta», para que todos tuvieran una renta básica. Quienes ganaran más pagarían un porcentaje como impuesto sobre la renta.

Los países desarrollados se han enriquecido gracias a las empresas que comerciaban en los mercados, y las inversiones han contribuido al crecimiento económico. Para difundir esa riqueza, los gobiernos promulgan leyes y establecen impuestos. Pero es posible que en el siglo XXI las empresas se enfrenten a más restricciones para limitar los daños medioambientales.

PROTEGER A LAS PERSONAS

Algunas de las restricciones del libre mercado no son producto de razones solo de tipo económico, sino que están pensadas para proteger a las personas. La mayoría de los países tienen leyes laborales, para que las empresas no exploten a los trabajadores y para evitar la mano de obra infantil.

La industrialización ha traído consigo prosperidad, pero cada uno de nosotros está dejando una «huella de carbono», la cantidad de dióxido de carbono que se emite a la atmósfera como resultado de nuestras acciones. Para limitar los daños debemos mejorar la tecnología para reducir la contaminación, y dejar los combustibles fósiles para usar nuevas fuentes energéticas.

HUELLA DE CARBONO

¿El dinero da la **FELICIDAD?**

Medir la RIQUEZA de un país

¿Quién pone el DINERO?

Crear DINERO de la nada

¿Por qué hay países POBRES?

¿Quién gana con la GLOBALIZACIÓN?

El problema de la POBREZA

Ayuda al DESARROLLO

¡Hora de PAGAR!

Los SALARIOS

En muchos países el nivel de vida es más alto que nunca, y muchas personas tienen más de lo que necesitan, pero al mismo tiempo hay millones de personas que viven en la pobreza. Uno de los problemas a los que se enfrentan los economistas es cómo distribuir la riqueza de manera más justa, ayudando a los países más pobres a desarrollarse y fomentando su crecimiento económico.

Medir la **RIQUEZA** de un país

EN EL MUNDO HAY CASI 200 PAÍSES. ALGUNOS TIENEN UNA GRAN SUPERFICIE Y UNA POBLACIÓN ENORME, MIENTRAS QUE OTROS SON PEQUEÑOS Y ESTÁN POCO POBLADOS. EN LOS PAÍSES RICOS, ALGUNAS PERSONAS DISFRUTAN DE UN NIVEL DE VIDA ELEVADO, PERO EN LOS PAÍSES POBRES LA MAYORÍA VIVE EN LA POBREZA. LA ECONOMÍA INTENTA MEDIR LOS INGRESOS DE LOS PAÍSES PARA SABER LO RICOS O POBRES QUE SON.

Calcular una cifra

Medir lo rico que es un país puede resultar útil por muchas razones. Necesitamos saber qué países son extremadamente pobres y precisan ayuda de países más ricos. Asimismo, necesitamos tener una idea del nivel de vida de cada país, es decir, si en ellos la gente tiene suficiente para vivir. Y también resulta útil saber si un país se está enriqueciendo o empobreciendo. Es relativamente fácil calcular lo rica que es una persona. Podemos ver cuánto dinero tiene en el banco, qué cosas posee y, lo más importante, cuánto dinero gana. Pero medir la riqueza de todo un país no es tan sencillo. De hecho, los economistas han sugerido distintas formas de hacerlo. La unidad oficial

LA **FELICIDAD** INTERIOR BRUTA ES MÁS IMPORTANTE QUE EL **PRODUCTO** INTERIOR BRUTO.

JIGME SINGYE WANGCHUCK, REY DE BUTÁN

¿Cuán rico es un país? ❯
El valor del conjunto de los bienes y servicios producidos por un país nos da una idea de sus ingresos, pero lo rico que es o no depende también de otras cosas, como el tamaño de su población.

para medirla es el Producto Interior Bruto (PIB) del país. Este se calcula sumando el valor de todos los bienes y servicios que el país produce en un año. Dichos bienes y servicios se compran y se venden, así que el PIB nos muestra la actividad económica del país y da una idea sobre sus ingresos.

Una imagen falsa

Pero eso no basta para saber lo ricos que son los distintos países. Aunque Estados Unidos tiene el mayor PIB del mundo, hay otros países que en comparación están mejor. Así, por ejemplo, un país como Luxemburgo tiene un PIB mucho menor, pero dado que su población es muy pequeña, los habitantes de Luxemburgo son más ricos en promedio que los de Estados Unidos. También hay países con un PIB alto que se consideran pobres porque tienen una población enorme.

El PIB per cápita, es decir, el valor total de los bienes y servicios dividido por el número de habitantes de un país, nos da un cálculo más preciso sobre lo ricos que son los habitantes de un país. El PIB per cápita suele utilizarse cuando se quiere dar una idea del nivel de vida de un país en comparación con el de otro. Pero también puede resultar engañoso, ya que solo nos muestra el promedio de lo ricos que son sus habitantes. En muchos países, la riqueza está repartida de forma desigual, así que la mayoría de la población puede vivir en la pobreza mientras que unos pocos privilegiados viven rodeados de lujos. Resulta igualmente engañoso comparar el nivel de vida de distintos países, porque el coste de la vida también puede ser distinto. Así, por ejemplo, una persona que en la India vive cómodamente, tendría problemas para sobrevivir con los

mismos ingresos en Suecia, porque las cosas son mucho más caras en este país. El PIB per cápita mide la actividad económica de un país en un año y su evolución muestra el crecimiento económico del país, si se enriquece o empobrece.

El gasto

El PIB muestra los ingresos de un país, pero para ver cómo funciona su economía también debemos tener en cuenta el dinero que gasta. Los países, igual que las personas, pueden pedir dinero prestado para proyectos específicos y tener deudas que saldar. La mayoría de los países tienen algún intercambio internacional, así que es importante observar si en el país entra más dinero del que sale, lo que se califica como excedente, o sale más del que entra, lo que se califica como déficit.

Ver también: 104–105, 112–113

> **Los países con las mayores economías del mundo son EE.UU., China y Japón.**

PARA PODER COMPARAR EL NIVEL DE VIDA DE DISTINTOS PAÍSES TENEMOS QUE MEDIR SU RIQUEZA Y SU POBLACIÓN.

MEDIR LA FELICIDAD

Suele decirse que el dinero no puede comprar la felicidad. En 1972 el rey de Bután declaró que tal vez su país fuera pobre, pero sus habitantes eran felices, y afirmó que además del PIB también debería medirse la Felicidad Interior Bruta. Los economistas se han tomado en serio la idea y actualmente las Naciones Unidas publican un Informe Anual sobre la Felicidad Mundial.

¿Quién pone el **DINERO**?

LAS EMPRESAS GANAN DINERO VENDIENDO SUS PRODUCTOS O SERVICIOS Y LO USAN PARA PAGAR EL COSTE DE LAS MATERIAS PRIMAS, LA MAQUINARIA Y LOS TRABAJADORES. PERO TAMBIÉN NECESITAN FONDOS PARA PONER EN MARCHA NUEVOS NEGOCIOS, COMPRAR MAQUINARIA O ALQUILAR LOCALES ANTES DE QUE LLEGUE EL DINERO DE LAS VENTAS.

> **NO ES EL EMPRESARIO QUIEN PAGA LOS SUELDOS. LOS EMPRESARIOS SOLO ENTREGAN EL DINERO. ES EL CLIENTE EL QUE PAGA LOS SUELDOS.**
>
> HENRY FORD, EMPRESARIO ESTADOUNIDENSE

Ver también: 48–49, 52–53

Obtener fondos

Cualquier negocio, desde una gran empresa hasta un pequeño comercio, necesita obtener dinero en algún momento, más allá de los ingresos que recibe vendiendo sus productos o servicios. Poner en marcha un negocio, por ejemplo, conlleva una serie de gastos iniciales como comprar utensilios y maquinaria, alquilar o comprar un local o vehículos para transportar las mercancias, y contratar a trabajadores. Más adelante quizá quiera ampliarse el negocio, lanzar un nuevo producto o actualizar el sistema informático. Todas estas cosas cuestan dinero, y a menudo hay que pagarlas antes de empezar a tener ingresos de las ventas.

Hay distintas maneras de financiarse. Se puede pedir un préstamo, que habrá que devolver al cabo de un tiempo determinado. Gracias a esta fórmula, el negocio dispone del dinero cuando lo necesita y puede devolverlo con los ingresos de las ventas. Si se trata de una empresa grande, puede salir a bolsa y vender acciones, con la ventaja de que no se trata de un préstamo que haya que devolver. Con su dinero los accionistas compran una parte de la empresa, lo que les permite opinar sobre su gestión y llevarse un procentaje de los beneficios futuros.

¿Quién pagará?

Sea cual sea el método escogido para obtener fondos, pedir un préstamo o vender acciones, tanto los prestamistas como los accionistas esperan obtener algo a cambio de su dinero. La mayoría de los préstamos para empresas provienen de bancos, que prestan dinero a un tipo de interés determinado (un porcentaje del préstamo total) y a devolver en un determinado plazo. El banco obtiene un beneficio

FRIEDRICH HAYEK (1899–1992)

Hayek, economista destacado de la escuela austríaca y coganador del premio Nobel de Economía en 1974, nació y estudió en Viena. Trabajó de profesor en la Escuela de Economía y Ciencias Políticas de Londres y más tarde en la Universidad de Chicago. Anticomunista convencido, desarrolló teorías económicas de libre mercado centradas en empresas privadas, sin control del gobierno.

LAS EMPRESAS TIENEN DISTINTAS MANERAS DE FINANCIARSE

PRÉSTAMOS DE LOS BANCOS A LAS EMPRESAS, DINERO EN FORMA DE AYUDAS O SUBVENCIONES ESTATALES, O COMPRA DE ACCIONES POR PARTE DE INVERSORES, BANCOS, OTRAS EMPRESAS O GOBIERNOS.

DEVOLUCIÓN DEL PRÉSTAMO + INTERESES A LOS PRESTAMISTAS; O PROPIEDAD DE UNA PARTE DE LA EMPRESA Y DERECHO A COBRAR PARTE DE SUS BENEFICIOS.

global, ya que la empresa debe devolver el préstamo original más los intereses. Pero los bancos no son los únicos que prestan dinero a las empresas. Las grandes empresas también venden bonos corporativos, es decir, piden dinero prestado a inversores privados y se lo devuelven más adelante. Los gobiernos también suelen hacer préstamos, sobre todo a negocios que empiezan o industrias beneficiosas para la comunidad. Algunas industrias, como las que producen energía renovable, pueden incluso recibir ayudas o subvenciones del gobierno, que no tienen que devolver.

Los prestatarios deben aportar alguna garantía, como por ejemplo un inmueble, que podrían perder si no cumplen con el pago.

Comprar

Existen distintos tipos de inversores. Algunos son personas particulares, pero una gran proporción son empresas comerciales, como sociedades de inversión, fondos de pensiones y bancos. Los gobiernos también compran acciones de empresas privadas, no solo como inversión para participar en los beneficios, sino con la finalidad de poder tener cierto control sobre la compañía, y pueden llegar incluso a comprar la mayoría de las acciones para convertirla en una empresa pública, por ejemplo, si hay que rescatar un banco en quiebra. Empresas públicas como la que gestiona la Seguridad Social, las cárceles, los ferrocarriles o a menudo las compañías energéticas, también pueden ofrecer acciones a inversores privados. Así el gobierno dispondrá de dinero extra para invertir en dichos servicios, además de los fondos procedentes de los impuestos.

Ver también: 116-117, 134-135

Crear **DINERO** de la nada

UTILIZAMOS EL DINERO PARA PAGAR COSAS, POR LO QUE CIRCULA Y CAMBIA DE MANOS CONTINUAMENTE. LOS TRABAJADORES RECIBEN SU SUELDO Y LO GASTAN EN BIENES Y SERVICIOS, Y ESE DINERO SE USA PARA PRODUCIR MÁS Y PARA PAGAR MÁS SUELDOS. PERO EL DINERO NO APARECE POR ARTE DE MAGIA, SINO QUE LO CREAN LOS BANCOS.

permite aumentar la oferta de dinero en circulación. Imaginemos que el cliente A tiene 100 € que deposita en el banco. El banco presta 90 € a B. Si los necesita, A sigue teniendo acceso a sus 100 € y B dispone de los 90 € de crédito, lo que hace un total de 190 € en la oferta de dinero. Mientras tanto, el banco dispone solo de 10 € de reserva. Pongamos que B se gasta los 90 €, que los usa para pagarle el sueldo a C, y que C los deposita en el banco. El banco puede usarlos

Dinero nuevo

La cantidad de dinero que está en circulación, es decir, la oferta de dinero, no es fija, sino que responde a los cambios del conjunto de la economía. Unas veces hay más demanda de dinero que otras, por ejemplo, cuando los negocios se están expandiendo y necesitan que les presten más dinero. Los bancos se encargan de suministrar el dinero, pero este tiene que salir de algún lugar.

Jugar con el dinero

De hecho, los bancos tienen una manera de crear dinero nuevo a partir del que ya está en circulación. Un banco tiene básicamente dos funciones: ocuparse del dinero que las personas y empresas depositan y prestar dinero a quien lo necesita. El banco toma el dinero que han depositado unos clientes y lo presta a otros, y esta operación tan sencilla

para dar un préstamo a D... y así sucesivamente. El banco presta más dinero del que tiene realmente, pero mientras los prestatarios devuelvan el dinero y los depositantes no retiren todo su dinero de golpe, el banco puede aumentar la oferta de dinero varias veces más de lo que tiene en reserva.

Mantener el control

Está claro que esta forma de «crear» dinero debe estar muy bien regulada, así que existen reglas sobre la cantidad que puede añadirse a la oferta de dinero. En la mayoría de los países, los bancos son supervisados por un banco central creado por el gobierno, como el Banco de Inglaterra o la Reserva Federal de Estados Unidos. El banco central controla la cantidad de dinero que hay en circulación, estableciendo lo que pueden prestar los bancos en relación con sus reservas, y el interés que pueden cobrar. A su vez, el banco central puede prestar dinero, por ejemplo a un banco que tiene que abonar más de lo que tiene

BERNIE MADOFF

Tras el enorme fraude de Ponzi (ver abajo), los inversores desconfiaban de oportunidades que parecieran demasiado buenas. Pero sesenta años después, miles de personas cayeron en el mayor fraude de la historia de Estados Unidos. El asesor Bernie Madoff fue encarcelado en 2009 tras haber dirigido un esquema Ponzi durante más de veinticinco años que costó a sus clientes 18.000 millones.

de reserva. Puede, asimismo, aumentar la oferta de dinero directamente, emitiendo más –o añadiéndolo electrónicamente– y prestárselo a gobiernos o empresas.

Pero si los bancos pueden sacar dinero de la nada, también pueden hacerlo los empresarios sin escrúpulos. Probablemente el más famoso sea el empresario italiano Charles Ponzi, que dirigió una trama ilegal en los años veinte del siglo xx en Estados Unidos, ofreciendo a los inversores unos beneficios fabulosos. Su sistema, que se conoce como «esquema Ponzi», consistía en pagar a los primeros inversores con el dinero que obtenía de otros inversores. Como los primeros inversores obtenían unos beneficios muy altos, conseguía atraer rápidamente a otros inversores. Cuando le descubrieron había ganado millones de dólares.

Ver también : 112-113, 124-125

En los años veinte del siglo xx, los inversores de Ponzi perdieron unos 20 millones de dólares, lo que hoy equivaldría a más de 200 millones.

LOS BANCOS CONTROLAN LA CANTIDAD DE DINERO EN LA ECONOMÍA

EL CRÉDITO DE UNA PERSONA NUNCA ES TAN BUENO COMO SU DINERO.

JOHN DEWEY, FILÓSOFO ESTADOUNIDENSE

La emisión de moneda

Los bancos centrales controlan la oferta de dinero, es decir, la cantidad de dinero en la economía. Pueden decidir emitir más dinero para prestarlo, con lo que aumenta la cantidad que hay en circulación.

¿Por qué hay países **POBRES**?

MUCHOS PAÍSES SON MÁS RICOS QUE NUNCA. SUS INDUSTRIAS SON PRODUCTIVAS Y SU ECONOMÍA CRECE. ASÍ QUE LOS CIUDADANOS DE ESTOS PAÍSES DESARROLLADOS TIENEN CUBIERTAS LAS NECESIDADES BÁSICAS Y ADEMÁS PUEDEN PERMITIRSE MUCHOS LUJOS. PERO HAY OTROS PAÍSES QUE NO SE HAN DESARROLLADO DEL MISMO MODO Y TIENEN UN PORCENTAJE MUCHO MENOR DE LA RIQUEZA DEL MUNDO.

Las 62 personas más ricas del planeta acumulan tanta riqueza como el 50% de la población mundial más pobre: 3.500 millones de personas.

NO HAY SOCIEDAD QUE PUEDA SER FELIZ Y FLORECIENTE SI LA MAYOR PARTE DE SUS MIEMBROS SON POBRES Y MISERABLES.

ADAM SMITH

Todos somos distintos

Existen muchas diferencias naturales entre los países, como su tamaño y su clima, por lo que no es extraño que su economía difiera también. En el mundo moderno los países más ricos han prosperado con el desarrollo económico. Es decir, han mejorado sus industrias para hacerlas más eficientes y productivas y han adoptado sistemas económicos que les han dado crecimiento económico y han potenciado los avances tecnológicos.

Hacerse rico

Los países europeos, y luego Norteamérica y Japón, fueron los primeros en industrializarse y empezar a disfrutar de un nivel de vida que mejoraba continuamente. Su productividad les dio ventaja respecto a países menos desarrollados, a los que les costaba competir en el mercado mundial. Como consecuencia, estos países más pobres no pudieron ganar lo suficiente con su comercio como para construir industrias y desarrollar su economía. Algunos países europeos

ALGUNOS PAÍSES TIENEN MÁS DE LO QUE NECESITAN...

ricos construyeron imperios a base de colonizar y explotar los recursos de países de todo el mundo. Así que, mientras los países ricos se hacían más ricos, sus colonias no podían beneficiarse de sus propios recursos. Pero algunos países subdesarrollados también se han enriquecido. Los pueblos del Golfo Pérsico, Arabia Saudí y Qatar, por ejemplo, estaban formados básicamente por moradores del desierto sin industria hasta que se encontró petróleo en la zona. Entonces, de repente, pasaron a estar entre los países más ricos del planeta.

Retrasados

Muchos países pobres se han visto obligados a luchar por no disponer de una industria moderna, lo que les ha impedido sacar beneficio de sus recursos. Muchos siguen teniendo una economía agrícola, con pequeñas granjas y comunidades de pescadores que solo producen para consumo local, mientras que negocios agrícolas más grandes exportan sus productos. Las industrias manufactureras suelen contratar mano de obra barata, y el transporte de productos resulta difícil por el mal estado de las carreteras y las líneas de ferrocarril. Actualmente, algunos de los países más

NORTE Y SUR

Si miras un mapa en el que aparezcan los países más ricos del mundo, verás que están todos en el hemisferio norte. La industrialización que los transformó en países económicamente fuertes se extendió rápidamente por Europa y Norteamérica desde Gran Bretaña. Sin embargo, muchos países de África, Sudamérica y Asia se quedaron rezagados, y sus industrias siguen luchando para ser competitivas.

pobres están recibiendo inversiones de otros países. Muchos gobiernos han adoptado políticas para fomentar la industria, aprovechar sus recursos e impulsar el comercio. El dinero de las nuevas industrias y las inversiones extranjeras se usa para mejorar carreteras, comunicaciones o líneas de alta tensión. Los países en vías de desarrollo experimentan un crecimiento sin precedentes, pero la gran mayoría de la población sigue viviendo en la pobreza.

Ver también: 108–109, 112–113

Riqueza y pobreza ❯
Los habitantes de los países ricos e industrializados pueden disfrutar de un nivel de vida elevado con todas las comodidades, pero en muchas partes del mundo se lucha por sobrevivir.

... OTROS TIENEN APENAS LO ESENCIAL.

INSTITUCIONES FINANCIERAS

DESDE LA SEGUNDA GUERRA MUNDIAL, LAS ECONOMÍAS Y LOS SISTEMAS MONETARIOS DEL MUNDO SE HAN HECHO MÁS COMPLEJOS. UN ENTRAMADO DE ORGANIZACIONES LLAMADAS INSTITUCIONES FINANCIERAS INTERNACIONALES SUPERVISA EL FLUJO DE DINERO ENTRE LOS PAÍSES Y OFRECE PRÉSTAMOS PARA QUE PUEDAN DESARROLLARSE. HAY MUCHAS INSTITUCIONES DE ESTE TIPO, Y ENTRE ELLAS ESTÁN EL FONDO MONETARIO INTERNACIONAL (FMI) Y EL BANCO MUNDIAL.

MONEDAS FIJAS

En la depresión de los años treinta del siglo xx, muchos países devaluaron su moneda para promover las exportaciones. Eso hizo retroceder el mercado y prolongó la crisis. En 1944, para solucionarlo, los líderes mundiales decidieron fijar las monedas (mantener un tipo de cambio fijo) respecto del dólar de Estados Unidos. Crearon el Fondo Monetario Internacional, para ofrecer financiación de urgencia, y el Banco Mundial, para prestar dinero para un desarrollo a largo plazo.

COMERCIO Y TRABAJO

Las instituciones financieras internacionales controlan el flujo de dinero entre países y son como bancos. Pero hay otras organizaciones que vinculan a los distintos países. La OMC (Organización Mundial del Comercio), fundada en 1994, supervisa el comercio y regula el 95% de los servicios financieros del mundo. Tiene poder para hacer cumplir sus reglas. La Organización Internacional del Trabajo intenta garantizar condiciones de trabajo justas en el mundo pero carece de poder legal.

INTERNACIONALES

⊙ Banco global

Varias organizaciones, entre ellas el Banco Mundial y el Fondo Monetario Internacional, controlan las transacciones financieras de todo el mundo y prestan fondos a países en vías de desarrollo.

En 2015 Irlanda pagó al FMI 1.000 millones de euros en intereses por el rescate que había recibido en 2010.

CONSENSO DE WASHINGTON

Los préstamos a países con problemas están condicionados a unas medidas, conocidas como Consenso de Washington, para ayudar a mejorar la economía del país. Así, por ejemplo, los países deben abrir mercados al comercio internacional y reducir la intervención del gobierno. Sin embargo, algunos sostienen que el Consenso no ayuda a los más pobres y simplemente aumenta la influencia de las empresas globales.

«El **mundo** está regido por **instituciones** que **no son democráticas:** el Banco Mundial, el FMI, la OMC».

JOSÉ SARAMAGO, PREMIO NOBEL DE LITERATURA EN 1998

EL RESCATE DE GRECIA

En 2009 Grecia tuvo que afrontar deudas enormes. La Comisión Europea, el Banco Central Europeo y el FMI (la «troika» o grupo de los tres) acordaron un rescate. A cambio, el gobierno debía hacer recortes en el gasto y vender bienes del Estado. En 2015, los griegos eligieron a un nuevo gobierno con la esperanza de que anulara los recortes. Pero la troika insistió en sus condiciones, empeorando de hecho la situación del país.

¿Quién gana con la

Ver también: 104-105

LAS COMUNICACIONES Y EL TRANSPORTE MODERNOS PERMITEN COMPRAR LOS PRODUCTOS DE CUALQUIER PARTE DEL MUNDO. LAS MULTINACIONALES HAN LLEVADO INDUSTRIAS MODERNAS A LOS PAÍSES EN VÍAS DE DESARROLLO, QUE PUEDEN COMERCIAR EN EL MERCADO GLOBAL. TODO EL MUNDO DEBERÍA BENEFICIARSE DE ESO, PERO HAY MUCHOS PAÍSES QUE NO LO HACEN.

La Coca-Cola se vende en todos los países del mundo, excepto en Corea del Norte.

Comienzos difíciles

Algunos países se benefician más que otros de la globalización. Está claro que la globalización ha abierto un amplio mercado, proporcionando a los países más pobres una cantidad enorme de clientes potenciales. Pero a menos que tengan un recurso natural valioso que sea escaso en otros lugares, como oro o petróleo, tendrán que competir con otros países para comprar materias primas o vender productos manufacturados. El problema es que en el mercado global los países en vías de desarrollo están en desventaja con respecto a los países industrializados. Suelen ser países básicamente agrícolas o mineros, con muy pocas o ninguna industria manufacturera. Y como no tienen maquinaria moderna, no pueden explotar sus recursos naturales de un modo tan eficiente y asequible como los países desarrollados. Para poder competir bajan los precios y obtienen menos beneficios. El resultado es que la mano de obra está mal pagada y hay poco dinero para desarrollar las industrias que podrían contribuir a que su economía creciera.

Una mano amiga

No es que estos países no tengan nada que ofrecer al mundo desarrollado. Algunos son ricos en recursos naturales y todos tienen recursos humanos en forma de gente dispuesta a trabajar. Pero no han hallado la forma de que sus negocios sean eficaces y productivos. Es ahí donde las compañías del mundo desarrollado pueden ayudar. Las empresas multinacionales pueden proporcionar la maquinaria, las infraestructuras y la tecnología que los países en vías de desarrollo necesitan estableciendo industrias allí, usando los recursos naturales disponibles y contratando mano de obra local. Esta fórmula beneficia tanto a la empresa

HACER EL TRABAJO SUCIO

En los países ricos las industrias contaminantes están mal vistas y la gente no quiere hacer el trabajo peligroso. Las multinacionales trasladan estas industrias a los países en vías de desarrollo, en los que la normativa laboral y medioambiental son menos estrictas. Eso puede ser bueno para la economía local a corto plazo, pero puede provocar daños costosos y permanentes.

GLOBALIZACIÓN?

LA COMUNIDAD INTERNACIONAL... PERMITE QUE UNOS 3.000 MILLONES DE PERSONAS —CASI LA MITAD DE LA HUMANIDAD— SUBSISTA CON 2 DÓLARES O MENOS AL DÍA EN UN MUNDO DE RIQUEZA SIN PRECEDENTES.

KOFI ANNAN, EXSECRETARIO GENERAL DE NACIONES UNIDAS

como al país de acogida. La empresa gana fácil acceso a los recursos y mano de obra barata y, a cambio, ofrece una industria moderna e inversiones en la economía local. Muchas comunidades rurales pobres se han transformado en ciudades industriales modernas, y muchas personas han salido de la pobreza gracias a ganar un sueldo fijo.

El lado oscuro

Es cierto que las compañías extranjeras estimulan la economía local y pagan para mejorar las carreteras, los ferrocarriles y

los aeropuertos, pero también que son los propietarios de la maquinaria y los edificios industriales. Y contratan trabajadores locales, pero para puestos no cualificados, mientras que los directivos son del país de origen. El grueso de las ganancias va a la empresa y algunas multinacionales pagan muy pocos impuestos. A pesar de todo, las empresas que operan en estos países traen consigo una prosperidad que estos no podrían alcanzar por sí solos.

Quienes critican a las multinacionales aducen que no establecen industrias locales ni promueven un crecimiento sostenible, y que es la multinacional, y no el país de acogida, el que comercia en el mercado global; y que apenas aporta tecnología o forma a los trabajadores para que puedan crear negocios locales competitivos.

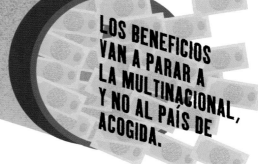

LOS BENEFICIOS VAN A PARAR A LA MULTINACIONAL, Y NO AL PAÍS DE ACOGIDA.

Dar y recibir ❯
La industria globalizada puede ofrecer trabajos locales, pero los beneficios suelen ir a parar directamente al país de origen, en vez de favorecer a la economía local.

El problema de la POBREZA

EN EL MUNDO HAY MILES DE MILLONES DE PERSONAS QUE VIVEN EN LA POBREZA. NO TIENEN DINERO SUFICIENTE PARA COMPRAR COMIDA Y ROPA PARA ELLOS O SUS FAMILIAS. Y SOBREVIVEN EN CONDICIONES INFRAHUMANAS, SIN ACCESO A AGUA POTABLE, CALEFACCIÓN Y ELECTRICIDAD. HAY GENTE QUE LUCHA POR SOBREVIVIR INCLUSO EN LOS PAÍSES RICOS.

> Más de 1.000 millones de personas en el mundo no tienen acceso a un retrete.

> EN UN PAÍS **BIEN GOBERNADO**, LA POBREZA ES ALGO QUE AVERGÜENZA. EN UN PAÍS **MAL GOBERNADO**, ES LA **RIQUEZA** LO QUE AVERGÜENZA.
>
> CONFUCIO, FILÓSOFO CHINO

Un mundo desigual

Las industrias modernas y los sistemas económicos han traído consigo prosperidad a muchos lugares del mundo. Los avances tecnológicos han hecho que estas industrias sean más productivas y la buena gestión de las economías garantiza que sigan creciendo. Los países industrializados del mundo desarrollado disponen de sobra de todos los productos y servicios que necesitan. Lo que no pueden producir, lo compran fuera. En los países más ricos hay tanta comida y productos de todo tipo que incluso se desperdician. El planeta produce más que nunca, pero casi la mitad de la población no dispone de las comodidades de la vida moderna. Esta lamentable desigualdad se debe a varias razones. Corresponde a los economistas analizar las posibles soluciones a este problema de pobreza mundial.

¿Cuándo se es pobre?

Debemos dejar claro qué es la pobreza. Los términos rico y pobre son relativos, ya que alguien considerado pobre en Noruega sería visto como un rico en Burundi o en la República Centroafricana. Pero muchas organizaciones internacionales, entre ellas Naciones Unidas (ONU) y el Banco Mundial, creen que existe la «pobreza absoluta», es decir, tener menos de lo necesario para llevar una vida digna. Un informe de la ONU detalla las necesidades humanas básicas, como comida, agua potable, higiene, sanidad, vivienda, educación e información. Este informe define la pobreza absoluta como verse privado de todas o parte de estas necesidades.

También puede definirse a partir de los ingresos. El Banco Mundial ha propuesto un «umbral de pobreza» internacional, fijado en unos 2 dólares americanos al día. Cualquiera que gane menos de eso puede considerarse que vive en la pobreza. Pero como el coste de la vida varía enormemente de un país a otro, esta definición no refleja de forma precisa los distintos niveles de pobreza. Quizá sería mejor medir no lo que la gente tiene, sino lo que no tiene, es decir, las cosas de las que se ve privada.

Todo es relativo

Este nivel de pobreza absoluta no suele darse en los países desarrollados, aunque hay gente que es relativamente pobre incluso en los países más ricos. Este tipo de pobreza relativa (en contraste con la pobreza absoluta) se da cuando las personas no pueden permitirse las cosas que son normales para la comunidad en la que viven, y su nivel de vida está por debajo de lo que esa sociedad considera el mínimo básico. En estos países ricos, los problemas de pobreza relativa pueden ser afrontados por el gobierno, que ofrece prestaciones sociales a los enfermos y desempleados, y pensiones a las personas mayores. También puede ofrecer ventajas económicas a los trabajadores poco remunerados e introducir leyes que garanticen un salario mínimo.

En los países más pobres, el gobierno no tiene recursos para proteger a quienes pueden verse atrapados en un «círculo de pobreza»: piden dinero prestado para afrontar los problemas inmediatos y no les queda nada para desarrollar su economía. De manera que no solo siguen siendo pobres, sino que ahora, además, tienen que devolver lo que deben.

Ver también: 104-105, 112-113

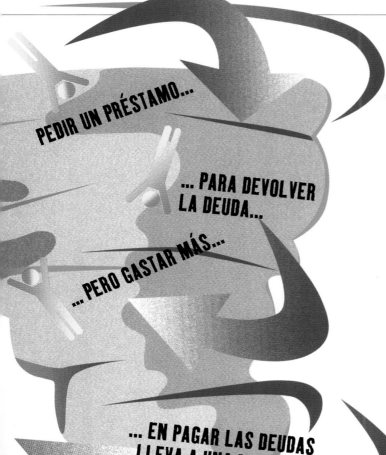

PEDIR UN PRÉSTAMO...

... PARA DEVOLVER LA DEUDA...

... PERO GASTAR MÁS...

... EN PAGAR LAS DEUDAS LLEVA A UNA MAYOR...

... DEUDA

⊙ La espiral de deuda

A muchas personas les es imposible salir de la pobreza. Piden dinero prestado pero no ganan lo suficiente para devolver lo que deben. Entonces piden más dinero prestado y contraen una deuda que jamás podrán devolver.

JOHN MAYNARD KEYNES (1883-1946)

Nacido en Cambridge, Inglaterra, Keynes cambió la visión de los economistas con su vanguardista macroeconomía. Tras la Primera Guerra Mundial fue asesor económico de la Conferencia de Paz y del gobierno británico. Durante la Gran Depresión de los años treinta del siglo xx explicó cómo los gobiernos podían usar los impuestos y las leyes para reducir los efectos de los altibajos económicos y evitar las crisis.

Ayuda al DESARROLLO

NINGÚN PAÍS DEL MUNDO QUIERE SER POBRE. EN LA MAYORÍA DE LOS PAÍSES RICOS, CUALQUIER PERSONA SIENTE QUE TIENE UNA OBLIGACIÓN MORAL DE AYUDAR A LOS MENOS FAVORECIDOS. ES POR ELLO POR LO QUE PRESTAMOS AYUDA A LOS PAÍSES EN VÍAS DE DESARROLLO A TRAVÉS DE ORGANIZACIONES BENÉFICAS, TANTO PRIVADAS COMO GUBERNAMENTALES, E INTERNACIONALES.

Noruega dedica el 1,07% de su producto interior bruto a ayudas para el desarrollo.

DINERO PARA INFRAESTRUCTURAS, TECNOLOGÍA MODERNA, REPARACIONES Y REFORMAS

LAS AYUDAS SUELEN CUBRIR PROBLEMAS INMEDIATOS MÁS QUE FAVORECER EL CRECIMIENTO ECONÓMICO

⊙ ¿Sirven las ayudas?
El dinero que dan los países ricos se destina a promover el desarrollo económico, pero no todo llega allí donde se necesita.

Compartir la fortuna
Son muchas las razones por las que algunos países siguen siendo pobres mientras otros han prosperado. Algunos son ricos en recursos naturales y otros se han beneficiado de haber desarrollado nuevas tecnologías. Muchos países ricos reconocen que son afortunados y sienten que tienen la obligación de compartir su buena suerte con países más pobres.
Los ciudadanos donan dinero a organizaciones benéficas que proporcionan alimentos y agua potable a los pobres y los gobiernos suelen destinar un cierto porcentaje de lo

CORRUPCIÓN

INDUSTRIA POCO EFICIENTE

PAGO DE LA DEUDA

que recaudan de los contribuyentes a ayudas humanitarias y a apoyar instituciones internacionales como el Banco Mundial, que proporciona ayuda financiera para proyectos en los países en vías de desarrollo. Muchas empresas hacen donaciones a organizaciones benéficas o invierten en industrias en el extranjero.

Ayuda que no llega

No todo el mundo está de acuerdo en dar este tipo de ayudas. Algunos sostienen, erróneamente, que los países son pobres porque sus habitantes son vagos o corruptos y por tanto no merecen ser ayudados. Otros señalan que muchas veces el dinero donado no se usa correctamente, que no

> **LA IDEA DE QUE LAS AYUDAS PUEDEN ALIVIAR LA POBREZA SISTÉMICA... ES UN MITO.**
> DAMBISA MOYO

llega a las personas que más lo necesitan ni ayuda a los países pobres a desarrollarse y prosperar. Incluso la población de los países pobres se da cuenta de que el dinero por sí solo no basta para combatir la pobreza. Gran parte del dinero de las organizaciones benéficas se invierte en proporcionar alimentos, ropa o medicinas a las personas que viven en la pobreza. De esta manera, sucede que se atienden sus necesidades inmediatas, pero no se ponen las bases para garantizar que las necesidades futuras queden atendidas.

A veces las ayudas que se dan a los gobiernos de los países pobres no llegan a los que las necesitan. Puede deberse a que viven en zonas alejadas y no disponen de transporte, o a que el gobierno gestiona mal el dinero. Algunos países pobres han recibido dinero de organizaciones como el Banco Mundial, pero no ha bastado para establecer una economía estable y en crecimiento, y han acabado con la carga adicional de tener que devolver esa deuda.

> **DA UN PESCADO A UNA PERSONA Y COMERÁ UN DÍA; ENSÉÑALE A PESCAR Y COMERÁ TODOS LOS DÍAS.**
> ANÓNIMO

Valerse por sí mismo

Una solución a largo plazo sería ayudar a los países pobres a desarrollar su economía. Si no logran crear industrias eficientes y empresas productivas para valerse por sí mismos, siempre dependerán de la ayuda exterior. Los países ricos pueden aportar dinero para proyectos específicos como mejorar las infraestructuras, proporcionar educación y formación, y ayudar a crear industrias modernas y pequeños negocios. Y, al mismo tiempo, pueden apoyar a los gobiernos que promuevan la construcción de una economía saneada, impidiendo malas prácticas como la corrupción y el impago de impuestos. Si el país consigue ser económicamente independiente podrá comerciar con países más ricos en el mercado global.

Ver también: 104-105, 106-107

EMPEZAR DE CERO

Varios de los países más pobres del planeta están atrapados en un «círculo de pobreza», ya que tienen que gastar más de lo que ganan en devolver lo que les han prestado. Por eso piden que, en vez de darles más dinero, que se esfumará de inmediato para pagar las deudas, les dejen empezar de cero cancelando lo que deben.

SUMINISTRO DE ENERGÍA

LA ENERGÍA ES ESENCIAL PARA LA ECONOMÍA. HAY PAÍSES CUYOS RECURSOS SON ESCASOS, Y LAS RESERVAS DE CIERTOS COMBUSTIBLES TERMINARÁN POR AGOTARSE. EL CONSUMO DE ENERGÍA PROVOCA EL CAMBIO CLIMÁTICO, PUES LOS COMBUSTIBLES FÓSILES LIBERAN GASES DE EFECTO INVERNADERO, QUE SON LOS CAUSANTES DEL CALENTAMIENTO GLOBAL.

SEGURIDAD ENERGÉTICA

Es importante contar con un acceso seguro a energía barata. Cuando un país depende de la importación del petróleo es vulnerable a conflictos externos y tendrá que competir por el suministro de energía con economías en expansión, como la de China. Tal vez tenga que tratar con regímenes indeseables o incluso intervenir en una guerra para proteger los conductos de abastecimiento. A largo plazo, no obstante, algunas economías buscan fortalecer su seguridad con nuevas fuentes de energía, como la nuclear, o bien con el desarrollo de fuentes renovables.

COMBUSTIBLES FÓSILES

Los combustibles fósiles –carbón, petróleo y gas natural– nos proporcionan más del 80 % de la energía. Muchas de las reservas de estos combustible están en lugares inestables, como Oriente Medio, así que algunos países desarrollan otras fuentes, como las arenas alquitranadas y el esquisto bituminoso, de los que cuesta extraer petróleo pero que están más cerca, aunque estas técnicas son muy contaminantes. Se calcula que el petróleo podría agotarse en unos cincuenta años.

Mantener el suministro eléctrico
A muchos países les preocupa establecer fuentes de energía seguras. Y al mismo tiempo, hay que encontrar nuevas formas de energía alternativa antes de que se agoten los combustibles fósiles.

RENOVABLES Y SOSTENIBLES

Las fuentes de energía «renovables» son aquellas que no se agotan nunca o se renuevan continuamente. Pero la relación entre los combustibles fósiles y el calentamiento global hace que sea urgente desarrollar fuentes de energía que sean también «sostenibles», es decir, aquellas que pueden usarse a largo plazo sin efectos nocivos. Las fuentes renovables y sostenibles básicas son el agua, el viento y la energía solar.

> «Debemos hallar una **vía sostenible** por la que avanzar hacia el futuro. Necesitamos una revolución industrial **limpia**».
>
> BAN Ki-MOON

REDUCIR EL CONSUMO

Quemar combustibles fósiles daña el planeta, y los expertos afirman que debemos reducir su consumo. En la Conferencia Internacional sobre el cambio climático que se celebró en París en 2015, los países se comprometieron a mantener el aumento de la temperatura global «muy por debajo de los 2 °C», con la reducción del consumo de combustibles fósiles. Muchos países desarrollados se han comprometido a reducir las emisiones de carbono del sector energético a la mitad.

El consumo de energía se ha triplicado en el último medio siglo. Son en su mayor parte combustibles fósiles.

¡Hora de **PAGAR!**

Ver también: 106–107, 108–109

LA PRINCIPAL FUNCIÓN DE LOS BANCOS ES PRESTAR DINERO. HACEN POSIBLE QUE LAS PERSONAS, LAS EMPRESAS Y LOS PAÍSES PAGUEN LAS COSAS QUE NECESITAN CUANDO NO DISPONEN DE DINERO SUFICIENTE. PERO LOS BANCOS TAMBIÉN SON UNA EMPRESA, ASÍ QUE ESPERAN OBTENER BENEFICIOS. POR ESO LOS PRESTATARIOS DEBEN DEVOLVER MÁS DINERO DEL QUE HAN RECIBIDO: EL IMPORTE DEL PRÉSTAMO MÁS INTERESES.

Pedir prestado

Casi todo el mundo pide un préstamo en algún momento. Puede ser una cantidad muy pequeña, como cuando te olvidas la cartera y le pides dos euros a un amigo para pagar el café. Por supuesto prometes devolvérselos al día siguiente. Dado que os conocéis y os fiáis el uno del otro, tu amigo sabe que recuperará el dinero. Si se trata de una cantidad mayor, acudimos al banco. El banco querrá asegurarse de recuperar el dinero, así que se informará sobre el prestatario. Si es un particular, le preguntará por su trabajo y sus ingresos. Si es un negocio, se informará sobre cómo le van las cosas y sus planes de futuro. Si el banco está seguro de que el prestatario podrá devolverle el dinero, pueden llegar a un acuerdo y fijar las condiciones del préstamo: cuándo debe devolverlo y si va a devolverlo en varios plazos o de golpe. Pero el banco no lo hace por amistad, como tu amigo, sino para sacar un beneficio. Normalmente cobra intereses sobre el préstamo, añadiendo un porcentaje que se conoce como «tipo de interés». Así, puede prestar a una empresa 10.000 euros a cinco años con un tipo de interés del 10% anual, que la empresa devolverá en cuotas mensuales. El banco cobra un interés sobre el dinero que se debe, así que recibe más de lo que ha prestado, pero el prestatario se beneficia de disponer del importe total y tiempo para devolver la deuda.

> Los prestamistas calculan el tipo de interés del préstamo a partir de un tipo base, que suele fijar el banco central.

Sentirse seguro

A veces las cosas no van bien: el prestatario puede perder el trabajo o la empresa tal vez no venda bien sus productos, con lo que no podrán devolver el préstamo. Si se produce un impago, es decir, si el prestatario no cumple los plazos fijados para pagar, el banco pierde dinero. A fin de protegerse de eventuales impagos, antes de conceder

CRISIS DE LA DEUDA GRIEGA

Tras la crisis económica mundial de 2008, el gobierno griego tenía problemas para devolver el dinero que le habían prestado. La Unión Europea acordó con el Fondo Monetario Internacional (FMI) un «plan de ayuda» de miles de millones de euros para rescatar la economía griega, pero no fue suficiente para evitar que en 2015 Grecia se convirtiera en el primer país europeo que incumplía un pago al FMI.

SI LE DEBES 100 EUROS AL BANCO, TIENES UN PROBLEMA; SI LE DEBES UN MILLÓN, EL PROBLEMA LO TIENE ÉL.
JOHN MAYNARD KEYNES

PARA COMPRAR UNA CASA, LA MAYORÍA DE LAS PERSONAS

Un precio alto
Una persona puede pedir una hipoteca para comprar una casa. El banco fija unas cuotas según el importe y el tipo de interés. Si no se pagan las cuotas, habrá que vender la casa para devolver el dinero.

NECESITAN UNA HIPOTECA, QUE ES UN PRÉSTAMO QUE HAY QUE DEVOLVER...

CON INTERESES

SALARIO MENSUAL **CUOTA HIPOTECARIA**

VENDIDA €€€€€

un préstamo elevado, el banco le pide al prestatario una garantía, como por ejemplo una casa, que avale el préstamo. Si no se paga, el banco puede quedarse con la casa para cubrir la deuda. La mayoría de los préstamos bancarios son préstamos garantizados. Si el prestatario no puede ofrecer ninguna garantía, el banco puede prestarle igualmente el dinero pero con un tipo de interés más alto, porque corre un mayor riesgo.

De hecho, los prestamistas pueden conseguir mayores beneficios cuando asumen riesgos mayores, como al dar un préstamo sin garantía a un particular o a empresas que no pueden demostrar su solvencia.

Asumir los costes
A veces, los bancos toman malas decisiones y alguna operación arriesgada sale mal y pierden dinero. Pero además de prestar dinero, se ocupan del dinero que les han depositado, y los depositarios se verían perjudicados si el banco quebrara. Para evitarlo, puede intervenir el banco central y rescatarlo con dinero público. Eso puede parecer injusto, pues el banco gana mucho dinero si las cosas salen bien y, en cambio, no tiene que pagar si van mal. Es lo que se llama «riesgo moral», según el economista Paul Krugman como cuando «una persona decide qué riesgo correr, pero es otra la que se hace cargo de los costes si la cosa sale mal».

Ver también: 134–135

Los **SALARIOS**

Ver también: 56-57, 64-65

> El 10% que más gana en EE.UU. gana más de la mitad del total de los ingresos del país.

EL SISTEMA DE LIBRE MERCADO QUE SE DESARROLLÓ A LO LARGO DE LOS SIGLOS HA RESULTADO SER UN MEDIO EFICAZ PARA EQUILIBRAR LA OFERTA Y LA DEMANDA DE PRODUCTOS Y SERVICIOS. PERO NO TODOS SE BENEFICIAN EN IGUAL MEDIDA. LA COMPETITIVIDAD ES UN ELEMENTO ESENCIAL DEL LIBRE MERCADO, Y SIEMPRE HAY GANADORES Y PERDEDORES.

Libre pero no igual

Con la creciente globalización de la industria y el comercio, solemos comparar la riqueza de los distintos países, y su nivel de vida, usando estadísticas como el PIB per cápita (ver pp. 98-99). Pero lo que no dicen esas cifras es cómo se distribuye esa riqueza dentro del país. En muchos de los países más pobres, existe una enorme brecha entre los más ricos y los más pobres. Incluso en los países desarrollados suele darse un reparto desigual de la riqueza. En un mercado libre, la desigualdad es prácticamente inevitable. Algunos economistas lo ven como un fallo del sistema y afirman que ello produce una sociedad desigual. Otros dicen que no es necesariamente algo malo, ya que recompensa a aquellos que trabajan mucho y les anima a ser más productivos

> HAY UNA GRAN **DIFERENCIA** ENTRE TRATAR A LAS PERSONAS DE MANERA **IGUALITARIA** O INTENTAR HACERLAS IGUALES.
>
> **FRiEDRiCH HAYEK**

y a sugerir ideas nuevas. Como ocurre con muchas ideas económicas, ambas posturas tienen algo de verdad, y la solución pasa por encontrar cierto consenso entre ambas.

Una brecha cada vez mayor

El libre mercado no solo crea desigualdad, sino que la aumenta. Las empresas prósperas usan los beneficios para ser aún más productivas y, por lo tanto, más competitivas. Los ricos puede invertir su dinero en negocios y hacerse más ricos, pero quienes no disponen de recursos se quedan cada vez más rezagados. En muchos países ricos eso se considera un problema social, por lo que muchos gobiernos han intoducido los impuestos progresivos: exigen un porcentaje mayor a quienes tienen una renta superior y ayudan a quienes tienen menos ingresos con prestaciones sociales y un salario mínimo. Los economistas señalan que los países con una diferencia menor entre los ingresos de ricos y pobres, y menos desigualdad no solo tienen menos problemas sociales, sino que además disfrutan de una economía más próspera y estable. Pero en países como Estados Unidos o el Reino Unido los

MILTON FRIEDMAN (1912–2006)

Friedman nació en Brooklyn, Nueva York, y se doctoró en Economía. Trabajó en Nueva York y Washington, y fue profesor en la Universidad de Chicago. Las ideas que desarrolló allí, recomendando impuestos bajos y mercados no regulados, le convirtieron en uno de los economistas más influyentes de finales del siglo xx, y le llevaron a trabajar como asesor de los presidentes Nixon y Reagan.

ALGUNOS TRABAJOS BIEN PAGADOS OFRECEN BENEFICIOS Y BONOS ADICIONALES ADEMÁS DE UN SALARIO VARIAS VECES MAYOR

¿Cuánto vales?

No se paga lo mismo en todas las profesiones. Los banqueros, por ejemplo, ganan mucho más que los enfermeros, a pesar de que estos prestan un servicio básico. Se debe a que en el libre mercado se valora a los banqueros por crear riqueza.

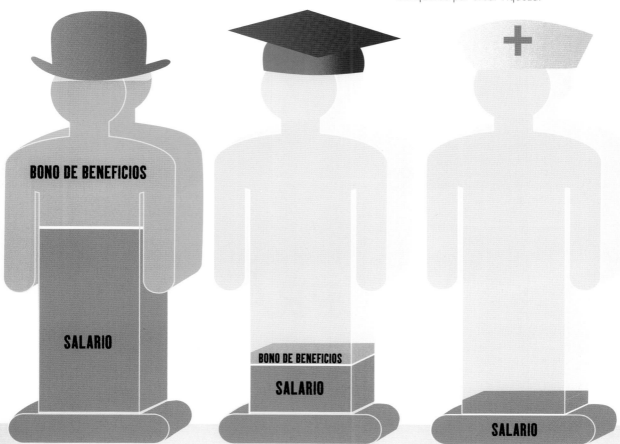

BONO DE BENEFICIOS

SALARIO

BONO DE BENEFICIOS

SALARIO

SALARIO

gobiernos creen que la economía va mejor si los ingresos los fija el mercado. En el mundo desarrollado la brecha entre ricos y pobres es mayor que en cualquier otra parte, y sigue creciendo. Los directivos de las grandes compañías pueden ganar mucho más que sus trabajadores, y los banqueros ganan una verdadera fortuna mientras que sus encargados de la limpieza viven en condiciones de relativa pobreza. Esta desigualdad se justifica con la teoría del «goteo»: los banqueros y empresarios deben ser más recompensados porque crean la riqueza que nos beneficia a todos.

Dar a todos una oportunidad

Quienes apoyan el libre mercado afirman que las políticas más socialistas limitan la libertad de las personas en pro de la igualdad. Aducen que, en vez de intentar que todo el mundo tenga los mismos ingresos, debería ofrecerse movilidad social, para que fuera más fácil ascender en la escala social y ganar lo que cada uno merece. Para ello todos deberían tener las mismas oportunidades y tener acceso a educación y trabajo. Seguiría habiendo un reparto desigual de la riqueza, pero la sociedad sería más justa.

Ver también: 126–127

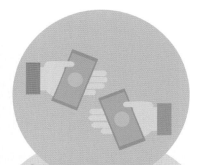

EL COSTE DEL CRÉDITO

La mayoría de las personas, si necesitan dinero pueden pedirlo prestado y devolverlo con intereses. Pero quienes tienen un sueldo bajo, que son los que más lo necesitan, y no pueden garantizar la devolución pueden acabar pagando más por un préstamo que los ricos. Los «usureros» (los prestamistas ilegales) suelen aprovecharse de los pobres cargándoles altos tipos de interés.

EL ÍNDICE BIG MAC

No es fácil comparar el coste de la vida entre distintos países, porque lo que se puede comprar con cada divisa es diferente. Pero la revista británica *The Economist* lo hace con el «Índice Big Mac», que compara el precio de un producto que es igual en todo el mundo: la hamburguesa Big Mac de McDonald's.

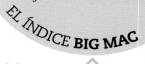

Nivel de vida y desigualdad en la
PRÁCTICA

PAGAR SU PRECIO

Los consumidores buscan productos de calidad al mejor precio, sin pensar de dónde salen. Pero en los últimos años se han dado cuenta de que la ropa de moda y deportiva es barata porque se confecciona en plantas en las que se abusa de los trabajadores y se usa mano de obra infantil, y están dispuestos a pagar un poco más para acabar con esta forma de explotación.

TRABAJOS SIN FUTURO

Las empresas del sector de los servicios han creado un gran número de puestos de trabajo, pero muchos están mal pagados, en tiendas, centros de atención telefónica o restaurantes de comida rápida. Además, ofrecen pocas posibilidades de ascender y poca estabilidad, por lo que se consideran empleos temporales y sin futuro.

Algunas familias son más privilegiadas que otras. Quienes nacen en una familia «bien situada» tienen ventaja económica desde el principio, ya que sus contactos y su dinero les permiten obtener mejores trabajos e incluso más dinero. Puede parecer injusto, pero ¿sería justo quitárselo? ¿Acaso no tiene derecho una familia a ofrecer a sus hijos todas las oportunidades posibles?

¡NO ES **JUSTO**!

NIVEL DE **VIDA**

Hay distintos niveles de vida tanto en el mundo como en un país. En el mundo desarrollado, el nivel de vida suele ser más alto, pero en algunos países con mucha población el nivel de desigualdad es muy alto. En cambio, algunos países pequeños, como Brunéi, son ricos en recursos como el petróleo, y la mayoría de la población disfruta de un nivel de vida elevado.

Los avances de la tecnología, el desarrollo económico y el crecimiento de los mercados han traído un enriquecimiento sin precedentes en la mayor parte del planeta. Pero no todos se han beneficiado por igual. En muchos países, la mayor parte de la población vive en la pobreza y en muchos países desarrollados la brecha entre ricos y pobres es cada vez mayor.

AYUDA HUMANITARIA

Gracias a los medios de comunicación, conocemos los efectos de la pobreza en el mundo, lo que hace que muchas personas colaboren con entidades benéficas. Actos benéficos como los conciertos solidarios recaudan grandes sumas de dinero, pero las necesidades son tan grandes, que la ayuda es como una gota en el mar.

FILANTROPÍA

Mientras que millones de personas viven en la pobreza, unos pocos son multimillonarios. Muchos de ellos consideran que su obligación es ser filantrópicos, es decir, donar parte de su riqueza a causas benéficas. Puede parecer un gesto generoso, pero suele ser una pequeña parte de su fortuna y además puede no ir a parar allí donde podría ser más eficaz.

¿Qué llevas en el **BOLSILLO**?

Lograr el EQUILIBRIO

Ganarse la VIDA

Tu dinero, a buen RECAUDO

¿De VERDAD... lo necesitas?

Presta atención a cada CÉNTIMO

¡Págalo más TARDE!

¿Cómo lo vas a PAGAR?

DINERO de viaje

Por si ACASO...

Hacer PLANES

Para ocuparte de tus propias finanzas, del presupuesto doméstico y de tu dinero en general debes aplicar los mismos principios que para dirigir una empresa. Decidir lo que gastas, lo que compras y dónde lo compras son decisiones económicas. Y también lo son las decisiones que tomas en relación con tu trabajo, tu tiempo libre y tus planes para el futuro.

Lograr el **EQUILIBRIO**

PARA PODER PAGAR LAS COSAS QUE QUEREMOS Y NECESITAMOS DEBEMOS TENER DINERO, Y LA MAYORÍA DE LAS PERSONAS TIENEN QUE TRABAJAR PARA GANARLO. PARA LOGRAR UN EQUILIBRIO ENTRE LO QUE TENEMOS QUE HACER Y LO QUE NOS GUSTARÍA HACER DEBEMOS DECIDIR QUÉ CLASE DE TRABAJO QUEREMOS REALIZAR Y CUÁNTO TIEMPO VAMOS A DEDICARLE.

> LAS COSAS QUE MÁS ME GUSTAN NO CUESTAN DINERO. ES EVIDENTE QUE EL BIEN MÁS PRECIADO ES EL TIEMPO.
>
> STEVE JOBS, FUNDADOR DE APPLE

Mucho trabajo y poca diversión...

Las decisiones que tomamos en relación con el trabajo son económicas. Podemos usar el tiempo de que disponemos de muchas formas. Parte de él lo ocupamos con cosas que tenemos que hacer sí o sí, como comer y dormir. El resto, unas dos terceras partes de nuestro tiempo, podemos dedicarlo al trabajo o al ocio, y a llevar una vida plena y feliz. Es importante lograr un equilibrio entre ambos. La mayoría de las personas de un país pobre tienen que trabajar muchas horas para cubrir sus necesidades básicas, por lo que no disponen de tiempo ni de dinero para el ocio. Pero en los países desarrollados, la mayoría puede escoger su estilo de vida y lograr cierto equilibrio entre trabajar y vivir.

¿Vale la pena?

Está claro que al escoger un trabajo tenemos en cuenta lo que vamos a ganar y si con eso podremos permitirnos todo lo que necesitamos y queremos. Pero también debemos tener presente que pasamos una gran parte de nuestro tiempo en el trabajo. Lograr un equilibrio entre la vida profesional y la personal es un ejemplo de lo que los economistas llaman «coste de oportunidad» (ver pp. 40–41), es decir, medir el valor de las cosas que queremos según lo que estamos dispuestos a sacrificar por ellas. Los ingresos que obtenemos a cambio del trabajo son importantes,

PROFESIÓN...

pero también lo es nuestro tiempo libre. Si trabajamos más, ganamos más dinero, y tenemos menos tiempo libre. Si dedicamos más tiempo a las actividades de ocio, ganamos menos dinero.

Tiempo y oportunidades

Pero no es solo una cuestión de tiempo. Hay otros factores que también influyen en la elección del trabajo, entre ellos la formación, las habilidades y la experiencia. Y estos, a su vez, influyen en las oportunidades que se nos presentan. Podemos decidir formarnos o sacar buenas notas para poder optar a trabajos mejor pagados. De nuevo se trata de conseguir un equilibrio entre el esfuerzo que debemos dedicarle y el estilo de vida que nos gustaría alcanzar: si queremos tener una casa grande y un coche o preferimos disponer de más tiempo libre para practicar deporte o alguna otra afición.

Depende de ti

Hay otros factores que también influyen en la elección de una profesión. Algunas personas viven para trabajar, mientras que otras trabajan para vivir. Algunos aspiran a ser médicos o abogados, mientras que para otros no es más que algo que les permite

¿ESTUDIAR O TRABAJAR?

Decidir si ir o no a la universidad también implica un coste de oportunidad. En lugar de dedicar tres o más años a estudiar y pagar lo que cuesta, puedes buscar un trabajo y ganar dinero. Pero si tienes un título universitario tendrás más posibilidades de conseguir el trabajo que te gusta y, a la larga, un sueldo mejor.

ganar dinero para pagar lo que quieren o necesitan. Algunos disfrutan con su trabajo y no les importa pasar muchas horas en él, mientras que otros prefieren trabajar lo mínimo posible. Al final, es una decisión económica. Para poder llevar la vida que nos gustaría, debemos usar nuestros recursos para conseguir las cosas que queremos y tiempo para disfrutar de ellas. Debemos intentar que nuestros ingresos cuadren con el estilo de vida escogido.

> Los trabajadores a tiempo completo de los países desarrollados dedican a trabajar un 40% de su tiempo en promedio.

¿QUÉ ES MÁS IMPORTANTE?   ... ESTILO DE VIDA

⊕ **Equilibrio entre vida personal y trabajo**
Tenemos que trabajar para poder pagar las cosas que queremos. Pero también es necesario disponer de tiempo libre para poder disfrutar de ellas.

Ver también: 56–57, 126–127

Ganarse la VIDA

SON MUY POCOS QUIENES TIENEN DINERO SUFICIENTE PARA NO TENER QUE TRABAJAR. CASI TODO EL MUNDO TENDRÁ QUE PLANTEARSE CÓMO GANARSE LA VIDA EN ALGÚN MOMENTO. ADEMÁS DE PENSAR QUÉ CLASE DE TRABAJO NOS CONVIENE MÁS, DEBEMOS DECIDIR SI PREFERIMOS BUSCAR UN EMPLEO O CREAR NUESTRO PROPIO NEGOCIO.

> **A CADA PERSONA LE GUSTA EL TRABAJO QUE MÁS LE CONVIENE.**
> HOMERO, POETA DE LA ANTIGUA GRECIA

DESEMPLEO

No siempre podemos encontrar trabajo. En ocasiones hay más personas que empleos. O tal vez podemos perder el trabajo porque la empresa no va bien. Cuando se está en paro cuesta salir adelante, pero la mayoría de los gobiernos disponen de programas para ayudar a las personas que se quedan sin trabajo a pagar las facturas y a encontrar otro empleo.

Pagar los gastos

Cuando crecen y terminan su formación, los jóvenes deben independizarse económicamente de sus padres y tienen entonces la necesidad de empezar a pagar por las cosas que quieren o necesitan. Lo ideal es que puedan trabajar en un puesto que les guste y que esté relacionado con sus estudios y conocimientos, pero es probable que la principal razón para ir a trabajar sea ganar dinero.

En la mayoría de los casos, eso significa encontrar un empleo, es decir, conseguir un trabajo y recibir una paga de manos del empleador. Lo normal es que este informe de que está buscando trabajadores. Quienes buscan un empleo consideran si la oferta es adecuada para ellos y si les interesa el salario que se ofrece. Existen distintas formas de pago: una cantidad por hora o por día, de manera que lo que se gana dependerá del número de horas o días que se trabajen, o bien un salario anual.

> ## EL TRABAJO ES FUNDAMENTAL PARA LA DIGNIDAD HUMANA, PARA NUESTRA AUTOESTIMA COMO PERSONAS ÚTILES, INDEPENDIENTES Y LIBRES.
> BILL CLINTON, EXPRESIDENTE DE ESTADOS UNIDOS

ASCENDER EN EL TRABAJO

La carrera profesional ⊙
A lo largo de su vida laboral, los trabajadores pueden ascender profesionalmente, aumentando sus conocimientos y habilidades.

Buenas perspectivas

Pero el salario no es lo único que importa. Aunque todo el mundo quiere que le paguen bien, uno puede decidir trabajar por un sueldo bajo a cambio de adquirir experiencia o aprender nuevas destrezas, sobre todo cuando se es joven. La mayoría inicia su vida laboral con un empleo mal pagado, como aprendiz o incluso como becario sin sueldo, y luego va ascendiendo en su carrera profesional. Así que al buscar un trabajo consideran si podrán ascender o si será bueno para sus perspectivas laborales de futuro.

En 2014, el 70% de los hombres de la Unión Europea en edad de trabajar tenía empleo, frente a solo el 60% de las mujeres.

Hogar y trabajo

Antiguamente, era el hombre el que se encargaba de «proporcionar el sustento» a toda la familia, mientras que la mujer se quedaba en casa y se ocupaba de las «tareas del hogar», como cocinar, limpiar y criar a los hijos. Ya hace mucho tiempo, sin embargo, sobre todo en los países desarrollados, que la mayoría de las mujeres trabajan fuera de casa y cada vez son más las que realizan trabajos que en otros tiempos solían considerse «de hombres». Los economistas empiezan a reconocer que las tareas domésticas en realidad son un trabajo, solo que es un trabajo no remunerado. Desde que las mujeres trabajan fuera de casa, la pareja suele compartir las tareas domésticas, o pagan a un tercero para que las haga.

Para compaginar el trabajo y la casa, se puede optar por un empleo a tiempo parcial. Aunque inicialmente era una opción pensada para que las madres tuvieran tiempo de ocuparse de sus hijos, cada vez es más corriente también entre los hombres. Algunas empresas permitem incluso el «trabajo compartido», en el que un trabajo se divide entre dos o más personas. Si trabajas menos horas dispones de más tiempo para la familia y otros temas aunque, por supuesto, recibes menos dinero; además, esta opción no siempre es posible.

Sé tu propio jefe

No todo el mundo trabaja para otro. Muchas personas son autónomos, y dirigen su propio negocio, solos o con algún socio. Ser tu propio jefe tiene sus ventajas (tú tomas las decisiones y disfrutas de los beneficios cuando las cosas van bien), pero también hay que trabajar muchas horas y no se tiene un sueldo fijo garantizado.

Ver también: 56–57, 124–125

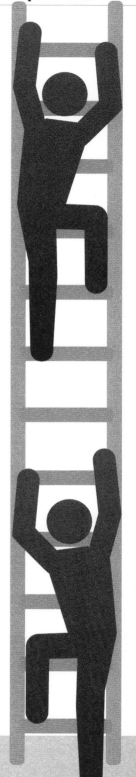

Tu dinero, a buen RECAUDO

CUANDO TIENES UN TRABAJO O UNA EMPRESA, DEBES PENSAR QUÉ VAS A HACER CON EL DINERO QUE GANES. SI ES EN EFECTIVO, PUEDES GUARDARLO EN EL BOLSILLO O BAJO EL COLCHÓN... PERO ESTARÁ MÁS SEGURO EN UN BANCO, QUE OFRECE OTRAS VENTAJAS. UNA CUENTA BANCARIA TE DA FLEXIBILIDAD, CRÉDITO CUANDO LO NECESITAS Y HACE QUE TU DINERO AUMENTE.

ME GUSTA VIVIR POBRE... PERO CON MUCHO DINERO.
PABLO PICASSO

Seguro y protegido

Quizá lo primero que se piensa cuando se decide abrir una cuenta bancaria es que se trata de un lugar seguro para guardar el dinero, ya que estará encerrado en las cámaras de un edificio protegido. Hoy en día suele haber poco dinero en efectivo en los bancos y las cuentas no son más que números en un programa informático, pero sigue siendo más seguro que llevar el dinero en el bolsillo. La mayoría tiene una cuenta bancaria por comodidad. Algunas personas reciben una paga semanal o mensual en efectivo o en un cheque, pero lo habitual es que la empresa transfiera el sueldo directamente a la cuenta bancaria del trabajador. Y aunque en la tienda de la esquina todavía se paga muy a menudo en efectivo, cada vez hay más clientes que pagan los productos o servicios que adquieren con una tarjeta de crédito o débito. Por eso para la mayoría de las personas es esencial tener una cuenta bancaria.

Fácil acceso

Los bancos, además de proporcionar un lugar para depositar tus ingresos, te ofrecen distintos medios para gestionar tus gastos, es decir, tus pagos. Puedes retirar dinero en una oficina bancaria o en un cajero automático. Pero también puedes usar tu tarjeta para pagar cosas en las tiendas, por teléfono o por internet. Y puedes pedirle al banco que haga pagos periódicos directamente desde tu cuenta, por ejemplo un alquiler o un préstamo. Para que puedas controlar lo que entra y sale de tu cuenta, la mayoría de los bancos disponen de un servicio de banca en línea, con el que puedes ver cuánto tienes en la cuenta y administrar tu dinero.

Otra ventaja es que los bancos pueden prestar dinero a sus clientes, para cubrir gastos imprevistos o para pagar cosas caras. Puede adelantarte dinero para tus gastos, que te permite gastar más dinero

ASESORAMIENTO FINANCIERO

Los bancos suelen ofrecer distintas opciones de ahorro e inversión, y pueden ayudarte a decidir cuál es la que te conviene más. Pero cada banco quiere que tengas tus ahorros en él, no con otra entidad. Así que es aconsejable recurrir a un asesor financiero independiente, un profesional que sepa comparar los distintos servicios que ofrecen los diferentes bancos y te ayude a decidir cuál es el mejor para ti.

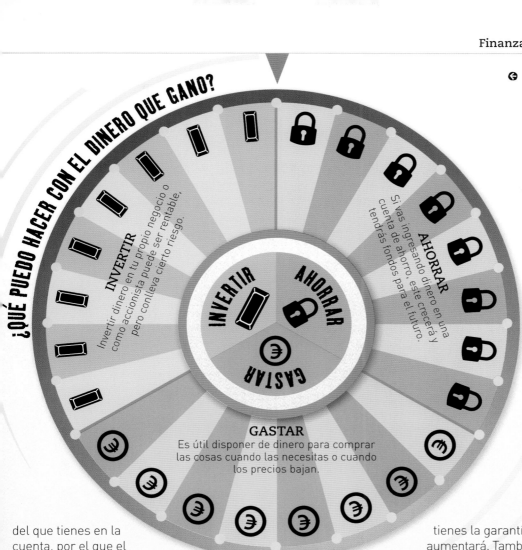

¿QUÉ PUEDO HACER CON EL DINERO QUE GANO?

INVERTIR
Invertir dinero en tu propio negocio o como accionista puede ser rentable, pero conlleva cierto riesgo.

AHORRAR
Si vas ingresando dinero en una cuenta de ahorro, este crecerá y tendrás fondos para el futuro.

INVERTIR

AHORRAR

GASTAR

GASTAR
Es útil disponer de dinero para comprar las cosas cuando las necesitas o cuando los precios bajan.

⊙ **Dinero sobrante**
Si eres prudente, es posible que te sobre algo de tu sueldo tras pagar todos tus gastos. Eres tú quien debe decidir gastarlo, invertirlo o ahorrar.

del que tienes en la cuenta, por el que el banco cobra una comisión, o de un préstamo que hay que devolver, con intereses, en plazos periódicos.

Usar el remanente
Si has ganado lo suficiente como para cubrir todos tus gastos y todavía te ha sobrado, quizá te preguntes qué es lo mejor que puedes hacer con ello. Puedes gastarlo en algo que siempre has querido o dejarlo en la cuenta bancaria para cuando lo necesites. Si optas por ahorrar para el futuro, hay opciones mejores que una simple cuenta bancaria. La mayoría de los bancos ofrecen cuentas de ahorro, por ejemplo, con un mejor tipo de interés pero que te obligan a dejar el dinero durante un tiempo determinado. Si lo ingresas en una de esas cuentas estará seguro, pero además

tienes la garantía de que aumentará. También puedes invertir el dinero comprando acciones de alguna empresa (ver pp .100–101) o ponerlo en un fondo de inversión, que compra y vende acciones y otros productos financieros en nombre de sus clientes. Así tu dinero puede rendir más, pero es más arriesgado que ingresarlo en el banco, así que antes de decidir es mejor buscar asesoramiento financiero.

Ver también: 102–103, 142–143

NO HAY INVERSIÓN MÁS RENTABLE QUE LA DEL CONOCIMIENTO.

BENJAMIN FRANKLIN

Ver también: 58-59, 124-125

¿De **VERDAD**... lo

PUEDES GASTAR EL DINERO EN TODO TIPO DE COSAS. ALGUNAS, COMO LA COMIDA Y EL ALQUILER, SON BÁSICAS. PERO HAY OTRAS QUE NO SON TAN IMPORTANTES. PARA ASEGURARTE DE QUE NO VIVES POR ENCIMA DE TUS POSIBILIDADES, ES DECIR, PARA NO GASTAR MÁS DE LO QUE GANAS, DEBES VIGILAR ATENTAMENTE DÓNDE VA A PARAR TU DINERO.

> INGRESOS ANUALES: 20 LIBRAS,
> GASTOS ANUALES: 19,60;
> RESULTADO: FELICIDAD.
> INGRESOS ANUALES: 20 LIBRAS;
> GASTOS ANUALES: 20,60;
> RESULTADO: MISERIA.
>
> CHARLES DICKENS, AUTOR DE «DAVID COPPERFIELD»

Lo que entra y lo que sale
Para asegurarte de que vives dentro de tus posibilidades, es aconsejable elaborar un presupuesto, es decir, un registro de todo lo que tienes que pagar y todo el dinero que ingresas. Puedes hacerlo en un libro de cuentas o en una hoja de cálculo del ordenador. Uses el método que uses, la idea es la misma: comparar los ingresos, como el salario mensual, y los gastos, lo que gastas en un mes.

Necesidades y deseos
Si tienes un trabajo con un sueldo regular, sabes de cuánto dinero dispones en el presupuesto y que todos los meses

❷ La lista de la compra
Si tienes cuidado con los gastos diarios y te ciñes a tu lista de prioridades, te podrás permitir algún capricho de vez en cuando y comprarte algo que quieres pero no necesitas.

dispondrás de esa misma cantidad. A continuación debes hacer una lista de las cosas en las que gastas ese dinero y lo que cuestan. Lo primero de la lista deben ser los productos de primera necesidad, como el alquiler, la comida y la factura del gas, la electricidad y el agua. Algunos son pagos regulares, es decir, la misma cantidad todos los meses, pero otros varían a lo largo del año. Puede haber otras cosas que también sean importantes, como la factura del teléfono, el abono de transporte y algún seguro. Luego debes anotar las cosas que no son básicas pero te producen placer o te hacen la vida más fácil, como el dinero que gastas en tus aficiones y actividades de ocio, como el deporte, la música, los libros y el cine.

COSAS QUE QUIERES...

necesitas?

Dónde recortar

Si sumas todos los gastos, podrás comparar el gasto total con tus ingresos. Si gastas más de lo que ganas, para equilibrar el presupuesto deberás reducir lo que gastas en algunas cosas, o encontrar la forma de aumentar tus ingresos, por ejemplo, trabajando más horas o con un trabajo mejor remunerado. Normalmente resulta más fácil recortar en gastos que aumentar los ingresos. Al tener una lista con todos los gastos, resulta más fácil ordenarlos según tus prioridades y decidir dónde puedes economizar, es decir, gastar menos, para equilibrar el presupuesto. Al principio de la lista están las cosas indispensables y los gastos ineludibles. Estos a veces también pueden reducirse, por ejemplo, yendo al trabajo andando en lugar de en autobús, u optimizando el consumo eléctrico. Pero las cosas que están más abajo de la lista son más prescindibles, sobre todo algunos caprichos que te das, como las últimas novedades tecnológicas o la ropa que está de moda.

EN NINGÚN SITIO COMO EN CASA

Para la mayoría de las personas el gasto periódico más grande es el de la vivienda. Según tus ingresos podrás compartir piso con amigos, alquilar tu propia casa o pedir un préstamo hipotecario para comprar un piso o una casa. Lo que pagues cada mes de alquiler o de hipoteca va a influir considerablemente en el resto de tu presupuesto.

¡Guarda algo para divertirte!

Para recortar en gastos pregúntate si realmente lo necesitas y haz un presupuesto que te permita ahorrar un poco. Eso no significa renunciar a lo que te gusta. Puedes incluir un apartado de «dinero para divertirse» que incluya una partida para poder salir alguna noche o para las vacaciones. Si en lugar de comprar las cosas de inmediato, haces una lista con las que deseas, podrás adquirirlas cuando realmente puedas permitírtelas, ¡o a lo mejor hasta decides que en realidad no las necesitas!

Ver también: 132-133, 144-145

COSAS QUE NECESITAS...

Intenta no gastar más del 90% de tus ingresos. Trata de reservar como mínimo el 10% para cualquier imprevisto que pueda surgir.

Presta atención a

A NADIE LE GUSTA PAGAR MÁS DE LA CUENTA, SOBRE TODO SI ESTÁ TRATANDO DE NO SALIRSE DEL PRESUPUESTO. PUEDES CONTROLAR EL GASTO RENUNCIANDO A ALGUNOS LUJOS, PERO HAY COSAS QUE NO TIENES MÁS REMEDIO QUE COMPRAR. CON UN POCO DE PLANIFICACIÓN E IMAGINACIÓN, SIN EMBARGO, TAMBIÉN PUEDES REDUCIR LO QUE GASTAS EN ARTÍCULOS DE PRIMERA NECESIDAD.

> TEN CUIDADO CON LOS GASTOS PEQUEÑOS. UN PEQUEÑO AGUJERO PUEDE HUNDIR UN BARCO.
> BENJAMIN FRANKLIN

En los países desarrollados se desperdician unos 100 kg de comida por persona y año.

Ahorra cada día

Si miras la lista de gastos, verás que hay cosas, como el alquiler o la hipoteca, que debes pagar regularmente y tienen un coste fijo. Pero en tu presupuesto hay también muchos gastos más pequeños que varían de una vez a otra. Hay artículos, como la ropa o los muebles, que solo compras de vez en cuando, pero una gran parte del presupuesto se va en gastos del día a día como la comida, el transporte y servicios como el agua y la electricidad. Son estos gastos diarios los que puedes intentar recortar. A lo mejor te parece que es muy poco lo que ahorras, pero entre unas cosas y otras, con el tiempo, puede acabar siendo un ahorro significativo. Con frecuencia compramos y usamos las cosas sin pensar en lo que cuestan, y no vemos que hay alternativas más baratas o que estamos malgastando el dinero. Si nos paramos a pensar un poco y planificamos las cosas, podemos controlar los gastos. Hay cosas evidentes que permiten reducir el consumo, como desenchufar los aparatos eléctricos cuando no los estamos usando o ponerse más ropa en lugar de subir la calefacción.

Vida fácil

Muchas de las cosas en las que nos gastamos el dinero son cosas que compramos solo por comodidad, porque nos hacen la vida más fácil. Resulta más económico comprar los ingredientes y cocinar que comprar comida preparada en el supermercado. Tener un coche también es más cómodo que utilizar el transporte público, pero sale bastante más caro. Y el teléfono inteligente de última generación puede ser fantástico, pero ¿realmente te resulta más útil que el que ya tienes?

Consigue una ganga ➋

Si compras una bolsa grande de manzanas te sale más barato que si las compras de una en una... pero solo si te las comes todas antes de que se estropeen.

cada CÉNTIMO

Pequeños cambios, grandes ahorros

Para ahorrar no tienes por qué cambiar tu estilo de vida. Puedes seguir comprando en tu tienda de siempre, pero vale la pena que planifiques un poco, que compres algunos productos en formato ahorro, que salen más baratos, y que busques las ofertas especiales. También es importante que pienses hasta qué punto lo necesitas y si te dará tiempo de usarlo antes de que caduque. Tirar comida sin usar es como tirar el dinero por el retrete. Ten cuidado también con las gangas. Si algo parece demasiado bueno para ser cierto, es posible que acabe saliéndote caro. Cuando se trata de comprar cosas como ropa, muebles o

PROTECCIÓN DEL CONSUMIDOR

Muchos países tienen leyes que protegen al consumidor, para que no le estafen cuando adquiere productos o servicios. Dichas leyes evitan que los vendedores engañen a sus clientes, por ejemplo, con publicidad engañosa o envases que parecen contener más de lo que realmente contienen.

artículos electrónicos, suele ser aconsejable gastar un poco más y comprar algo que vaya a durar más tiempo. Tómate tu tiempo para comparar productos y precios. ¡Y sobre todo evita comprar algo llevado simplemente por un impulso momentáneo de lo que luego puedas arrepentirte! Haz una lista con lo que necesitas y deseas, y atente a ella. Las pequeñas cantidades que ahorras en el día a día pueden ayudarte a no salirte del presupuesto y a que te quede algo de dinero extra para gastar en alguna de las cosas de tu lista de deseos.

Cuida de tus euros

Se suele decir que a quien cuida del céntimo, nunca le falta el euro. Pero debes poner el mismo cuidado cuando gastes cantidades más importantes. Todo el dinero que ahorras en las pequeñas compras se esfumará si, por ejemplo, te haces socio de un gimnasio muy caro al que resulta que no tienes tiempo de ir.

Ver también: 128–129, 130–131

MUCHAS VECES LO QUE PARECÍA UNA GANGA... ACABA SALIENDO CARO

Ver también: 116–117, 130–131

¡Págalo más

GESTIONAR BIEN EL PRESUPUESTO CONSISTE EN NO VIVIR POR ENCIMA DE TUS POSIBILIDADES, ES DECIR, EN NO GASTAR MÁS DE LO QUE TE PUEDES PERMITIR. PERO, A VECES, NECESITAS ALGO Y NO DISPONES DE SUFICIENTE DINERO. EN ESTOS CASOS PUEDES PEDIR UN PRÉSTAMO PARA PAGARLO E IR DEVOLVIÉNDOLO POCO A POCO EN UN DETERMINADO PLAZO DE TIEMPO.

Ahorrar

Está claro que lo sensato es no gastar más de lo que ganas. Pero algunas cosas conllevan un gasto importante y pueden costar más de lo que tienes en el banco. Hay algunas, como un coche o unas vacaciones en el extranjero, que puedes aplazar hasta que hayas ahorrado el dinero suficiente, pero otras son más urgentes, como una reparación, o exigen ahorrar durante mucho tiempo. Puedes pagarlas pidiendo dinero prestado.

Hogar, dulce hogar

Los jóvenes suelen enfrentarse a grandes gastos antes de empezar a ganar dinero. Algunos piden un préstamo para pagarse los estudios, que deberán devolver cuando empiecen a trabajar. Otros lo piden para crear una empresa y lo van devolviendo a medida que el negocio crece. Pero la mayoría, lo más caro que comprarán será una casa y muy pocos podrían hacerlo sin pedir un préstamo. El préstamo que se pide

☻ Compra a plazos

Algunas empresas que venden artículos caros, como los coches, ofrecen créditos para que los clientes puedan comprar sus productos cuando los necesitan y pagarlos a plazos.

CALIFICACIÓN DE RIESGOS

Antes de prestar el dinero, los bancos comprueban que el prestatario podrá devolver el préstamo. Normalmente piden a una agencia de calificación de riesgos que valore su historial financiero. Esta calificación se basa en los ingresos y propiedades del prestatario, pero también en su historial de crédito, es decir, en comprobar si ha pagado sus deudas anteriores.

para comprar una casa o un piso se llama hipoteca, y el banco suele cobrar menos por él que por otros tipos de préstamos, ya que la propiedad se utiliza como aval o garantía de la cantidad solicitada. Si no devuelves el préstamo, el banco puede quedarse con la casa.

TARDE!

CADA VEZ QUE PIDES DINERO PRESTADO, LE ESTÁS ROBANDO A TU FUTURO YO.

NATHAN W. MORRIS, AUTOR ESTADOUNIDENSE

UNA COMPRA GRANDE HAY QUE PAGARLA DURANTE VARIOS MESES O AÑOS...

Según la Reserva Federal de EE.UU., en 2015 las familias del país debían de media 7.281 dólares en su tarjeta de crédito.

comprar cosas grandes, como una casa, los bancos ofrecen otros tipos de préstamos. Por ejemplo, si tienes un gasto imprevisto, como una reparación del coche u obras en casa, y no dispones de dinero suficiente para pagarla, tu banco puede ofrecerte un descubierto en cuenta, lo que te permite sacar más dinero del que tienes en la cuenta, hasta una cantidad acordada, y devolverlo cuando puedas.

Cuestión de mucho interés

La ventaja de pedir prestado dinero es que puedes tener lo que necesitas o quieres de manera inmediata, pero pagar lo que cuesta a plazos a lo largo de un tiempo establecido. Y el principal inconveniente es que el prestamista, normalmente un banco, cargará un interés sobre el préstamo, lo que significa que acabarás pagando más de lo que habías pedido prestado. De hecho, puede llegar a ser el doble, ya que un préstamo suele devolverse en varios años y el tipo de interés es anual (es decir, por año). El prestamista carga un interés sobre la cantidad que se adeuda en cada momento, sin contar los gastos derivados de la constitución del crédito hipotecario, que pueden ser importantes y guardan relación con el importe solicitado. Además de préstamos para

Pagar con plástico

Otra alternativa es pagar a crédito, es decir, comprar una ganga que no puedes perderte o reservar unas vacaciones cuando los precios están bajos con una tarjeta de crédito. Como ocurre con otros tipos de préstamos, las tarjetas de crédito permiten posponer el pago para más adelante, pero también tienen su lado negativo. Si no lo reembolsas todo rápidamente, cargan un tipo de interés muy alto sobre lo que debes, y la deuda sigue creciendo. Si has pedido un préstamo, es importante que lo tengas en cuenta en el presupuesto, para poder devolverlo y evitar que la deuda crezca cada vez más.

Ver también: 138–139

PUESTOS Y SALARIOS

EN EL LIBRE MERCADO, LO QUE SE COBRA DEPENDE DE LA OFERTA Y LA DEMANDA. ASÍ, LOS ABOGADOS ESTÁN MEJOR PAGADOS PORQUE HAY POCAS PERSONAS CON LOS CONOCIMIENTOS NECESARIOS Y LA GENTE ESTÁ DISPUESTA A PAGAR MUCHO POR SUS SERVICIOS. LOS CAMAREROS ESTÁN MAL PAGADOS PORQUE HAY MUCHAS PERSONAS QUE PUEDEN HACER ESE TRABAJO Y LOS BENEFICIOS QUE SE OBTIENEN SIRVIENDO CAFÉS SON PEQUEÑOS. PERO NO TODO ES TAN SIMPLE.

TRABAJADORES NO CUALIFICADOS

Los trabajadores no cualificados suelen ocupar el tramo más bajo de la escala salarial. Tienen muy poco poder de negociación, pues al ser muchos es fácil reemplazarlos. Las empresas, para ser competitivas, contratan mano de obra no cualificada al menor coste posible, e incluso pueden sustituir a los trabajadores por máquinas o mano de obra extranjera más barata. Suele ser un trabajo precario, con contratos cortos y sin garantía de continuidad.

BRECHA DE GÉNERO

En teoría, hombres y mujeres deberían tener el mismo poder de negociación cuando compiten por un mismo puesto de trabajo. Pero en la práctica, las mujeres suelen ganar bastante menos. Se han dictado leyes para reducir la diferencia salarial por razones de género, pero esta sigue existiendo. Se le han dado distintas explicaciones, pero la más plausible es la más obvia: la discriminación de género.

DIRECTOR GENERAL

«Quienes trabajan **sentados** cobran más que aquellos que trabajan **de pie**.»

OGDEN NASH, POETA ESTADOUNIDENSE

SALARIO MÁXIMO

Antiguamente, los trabajos mejor pagados eran los de los profesionales, como los médicos o los notarios. Eran pocos porque había que estudiar mucho y eran trabajos muy especializados. Pero en los útlimos años, los profesionales han sido desbancados por los famosos, los empresarios y los ejecutivos financieros, gracias a las comisiones y bonos. En 2015, un corredor de bolsa londinense ganaba en promedio 128.231 libras anuales, mientras que un médico especialista ganaba solo 80.628.

El director general de una gran empresa puede ganar casi 200 veces más que un trabajador normal.

PILOTO DE AVIÓN

OBRERO DE LA CONSTRUCCIÓN

TRABAJO SUCIO

Algunas personas hacen trabajos sucios, poco agradables e incluso peligrosos, y a menudo trabajan muchas horas en malas condiciones. En la mayoría de los casos es porque no tienen elección, por lo que el peor trabajo suele ser también el peor pagado. En muchos países en vías de desarrollo incluso los niños se ven obligados a trabajar a cambio de un sueldo miserable y en condiciones horribles en fábricas que producen artículos baratos sin condiciones de seguridad.

⬆ Diferencias salariales

Los ejecutivos de empresas y bancos de países desarrollados están muy bien remunerados. Algunos profesionales ganan un buen sueldo, pero los trabajadores no cualificados son más vulnerables a los altibajos económicos.

⊙ Tarjeta de crédito
La tarjeta de crédito permite pedir prestado dinero para comprar algo. Es muy útil, pero para evitar cargos elevados hay que devolver el dinero rápidamente.

⊙ Tarjeta de débito
Si pagas algo con una tarjeta de débito, el dinero se cobra directamente de tu cuenta bancaria y se transfiere a la cuenta de la persona o empresa a la que haces el pago.

LA MAYORÍA DE LAS COSAS SE PUEDEN PAGAR CON TARJETA O CON EL MÓVIL

¿Cómo lo vas a

DURANTE LA MAYOR PARTE DE LA HISTORIA, SE HA UTILIZADO EL DINERO EN EFECTIVO, ES DECIR, MONEDAS Y BILLETES, PARA PAGAR PRODUCTOS Y SERVICIOS. PERO POCO A POCO HAN IDO APARECIENDO NUEVOS MÉTODOS DE PAGO, COMO LAS TARJETAS DE CRÉDITO Y DÉBITO Y LAS TRANSFERENCIAS. ACTUALMENTE, EL PAGO SIN EFECTIVO ES HABITUAL INCLUSO PARA PEQUEÑAS CANTIDADES.

EL DINERO ES LA TARJETA DE CRÉDITO DE LOS POBRES.
MARSHALL MCLUHAN, TEÓRICO CANADIENSE DE LA COMUNICACIÓN

mayoría, deberás sacar algo de dinero para tus gastos de vez en cuando con una tarjeta de crédito o de débito, ya sea en una oficina bancaria o un cajero automático público.

Efectivo disponible
El paso a una sociedad sin dinero en efectivo está ya muy cerca, pero monedas y billetes se siguen usando, sobre todo para cantidades pequeñas, como al comprar el periódico o pagar un café. Muchos negocios pequeños, especialmente en las zonas menos desarrolladas del planeta, no disponen de la infraestructura para cobrar de otra forma que no sea en efectivo. De manera que, aunque ya no es necesario salir con grandes sumas de dinero, es mejor llevar algo de efectivo en el bolsillo. Y si tienes el dinero en el banco, como la gran

Todas las opciones a mano
Son estas tarjetas, y la tecnología que las ha hecho posibles, lo que ha revolucionado nuestra forma de pagar las cosas. Puedes usar la tarjeta para sacar dinero del cajero automático, pero también para pagar las cosas que compras, personalmente, en internet o por teléfono. Las tiendas y negocios de todo el mundo aceptan el pago con tarjetas de crédito y débito, y algunos establecimientos emiten incluso sus propias tarjetas de crédito, que se conocen como tarjetas de tiendas, que pueden usarse para comprar sus productos. Las tarjetas modernas son de plástico y llevan una banda magnética o un chip electrónico

Ver también: 12–13, 22–23

← Aplicación para móvil

Las aplicaciones bancarias permiten acceder a los fondos igual que una tarjeta de crédito o débito, pero dado que las operaciones no se confirman con un PIN, por razones de seguridad pueden estar restringidas a cantidades pequeñas.

3

↻ Efectivo

Muchas personas siguen prefiriendo pagar en efectivo, sobre todo las compras pequeñas, y algunos negocios modestos no están preparados para los pagos con tarjeta.

4

PAGAR?

que el terminal de la tienda puede leer. Una vez verificada la operación con el PIN (el número de identificación personal), el terminal pide al banco que transfiera el dinero a la cuenta del establecimiento. Si usas una tarjeta de débito, te retiran el dinero de tu cuenta, siempre que haya suficiente. Si usas una tarjeta de crédito, el banco te adelanta el dinero para la operación y tienes que devolverlo más adelante. Recientemente ha aparecido una nueva generación de «tarjetas inteligentes» que llevan un chip elctrónico. Este chip puede comunicarse con el terminal a través de las ondas de radio, lo que permite realizar pagos rápidos «sin contacto». Basta con acercar la tarjeta al terminal. Con una tecnología parecida se han creado apps para los teléfonos inteligentes, de manera que ahora puedes incluso usar tu móvil directamente para pagar.

Internet

Existen otras formas de pagar sin efectivo ni tarjetas. Puedes pedir a tu banco que pague directamente desde tu cuenta, con cargo directo, cosas como la factura del teléfono o de la luz, o un pago periódico, como el alquiler mensual. Actualmente, la mayoría

de los bancos ofrecen también un servicio a través de internet que permite a los titulares de las cuentas manejar el dinero desde su ordenador personal, su tableta o su móvil. En una web segura, puedes ver el saldo pero también realizar pagos traspasando el dinero directamente desde tu cuenta a la cuenta de otra persona o empresa, siempre que tengas sus datos bancarios.

PAGO A TRAVÉS DE INTERNET

Actualmente muchas empresas venden por internet, en lugar de en una tienda. Puedes pedir todo tipo de productos y servicios en línea y que te los lleven a casa, y pagarlos con una tarjeta de crédito o débito o por transferencia electrónica desde tu cuenta bancaria con alguna compañía de pagos en línea, como PayPal.

Ver también: 20–21

Dinero de VIAJE

VIAJAR A OTROS PAÍSES ES MÁS FÁCIL Y BARATO QUE NUNCA. MUCHAS PERSONAS VIAJAN AL EXTRANJERO EN SUS VACACIONES PARA VISITAR A AMIGOS O FAMILIARES O POR TRABAJO, E INCLUSO ALGUNAS DECIDEN IRSE A TRABAJAR O ESTUDIAR A OTRO PAÍS. LA EXPERIENCIA DE VIVIR EN OTRA CULTURA PUEDE RESULTAR ENRIQUECEDORA Y GRATIFICANTE, PERO TENER QUE MANEJAR DISTINTAS MONEDAS PUEDE RESULTAR A VECES COMPLICADO.

UN DESTINO NO ES NUNCA UN LUGAR, SINO UNA NUEVA FORMA DE VER LAS COSAS.

HENRY MILLER, ESCRITOR ESTADOUNIDENSE

Dinero para las vacaciones

Hay casi 200 países en el mundo, y la mayoría tienen su propia moneda. Solo unos pocos, como los países de la Eurozona, tienen una misma moneda, así que si viajas a un país extranjero, es casi inevitable que allí usen una moneda distinta a la tuya. En algunos países, las tiendas y las empresas aceptan otras monedas importantes, como el euro o el dólar estadounidense, pero en el resto si quieres comprar algo tendrás que pagar con la moneda local. Así pues, deberás cambiar parte de tu dinero para tener moneda del país que vas a visitar. Puedes hacerlo en la mayoría de los bancos o en una oficina de cambio de divisas. Pero lo que quizá no sepas es que no van a darte exactamente la misma cantidad. El banco o la agencia de cambio te cobrará por hacer la operación un porcentaje de lo que vayas a cambiar.

CAMBIAR DINERO PARA VIAJAR AL EXTRANJERO CUESTA DINERO

Las monedas de euro acuñadas en los distintos países no son iguales, pero se pueden usar indistintamente en la Eurozona.

Coste de las divisas

Si quieres cambiar unos cuantos euros por dólares y el tipo de cambio oficial es de 1 € = 1,20 $, el banco o la agencia los venderá a un tipo más bajo y los comprará a un tipo más alto. Así que cuando vayas a cambiar el dinero, el banco te ofrecerá solo 1,10 $ por cada uno de tus euros, con lo que ganará 10 céntimos por euro en la operación. Pero cuando regreses del viaje y quieras cambiar los dólares que te han sobrado por euros, la oficina te los comprará por ejemplo a 1,30 $, es decir a 10 céntimos más de lo que indica el cambio oficial. El coste de cambiar dinero varía de un lugar a otro, entre un 5% y un 15-20%, y suele ser más caro en los aeropuertos o zonas turísticas que en los bancos. Los tipos de cambio varían continuamente, así que te ahorrarás dinero si lo planificas con tiempo y cambias cuando el tipo te sea más favorable, y en un banco donde puedas fiarte de que te ofrecerán un buen trato.

Un plástico fantástico

Existen otras alternativas. Las tarjetas de crédito y débito suelen aceptarse en casi todo el mundo, y puedes usarlas para pagar cosas como hoteles, restaurantes y recuerdos. También hay tarjetas de débito de prepago, en las que puedes depositar la cantidad de dinero que consideres oportuna antes de iniciar el viaje. Aun así, seguro que necesitarás llevar algo de efectivo para las compras pequeñas, pero puedes sacarlo de los cajeros automáticos con tu tarjeta de crédito o débito igual que harías en tu país. Por desgracia, eso no significa que vayas a librarte del coste de cambiar dinero. Tu banco te cobrará por cada pago que hagas en otra moneda, usando un tipo de cambio que le sea favorable, y también cada vez que saques dinero de un cajero extranjero.

¡Puedes llegar a pagar costes de cambio sin ni siquiera salir de casa! Si compras en internet cosas de otro país, por ejemplo, el vendedor te va a cobrar en su moneda y el banco te cobrará por hacer la operación. Y si tienes una empresa con clientes o proveedores de otros países, deberás tener en cuenta el coste de aceptar o hacer pagos con distintas monedas, y reflejarlo en los precios que cobras.

OFICINA DE CAMBIO

Además de los bancos, hay entidades que se dedican específicamente al cambio de divisas. Estas oficinas de cambio operan sobre todo en las zonas turísticas y en el centro de las ciudades, y también en los aeropuertos y estaciones de tren. Suelen mostrar en un cartel todas las monedas que cambian junto con el precio al que las venden y las compran.

Por si ACASO...

SE NOS ANIMA DESDE PEQUEÑOS A AHORRAR Y NO MALGASTAR EL DINERO PARA PODER COMPRAR LAS COSAS QUE QUEREMOS. EN CUANTO CRECEMOS Y TENEMOS QUE PAGAR LOS GASTOS DEL DÍA A DÍA SUELE QUEDAR POCO DE NUESTROS INGRESOS, PERO SI NOS ESFORZAMOS EN AHORRAR ALGO, AUNQUE SEA POCO, PODEMOS ACABAR REUNIENDO UNA SUMA INTERESANTE.

A buen recaudo

A los niños de todo el mundo se les enseña que es más sensato ahorrar dinero que gastarlo, guardar al menos una parte a buen recaudo para el futuro. Si vas guardando un poco con regularidad, tus ahorros irán creciendo poco a poco y con el tiempo tendrás lo suficiente para comprar cosas que de otra manera no podrías permitirte. Si ahorras también tendrás algo de dinero por si surge alguna emergencia o algún gasto imprevisto, como tener que reparar algo o comprar un ordenador nuevo. La hucha de cerdito suele usarse para representar la idea del ahorro, pero hay maneras mejores de ahorrar que metiendo dinero en una hucha. En primer lugar, tu dinero estará más seguro en el banco, pero además el banco te pagará intereses, por lo que tus ahorros aumentarán más rápidamente que si los guardas tú.

Ver también: 128-129

> SI QUIERES SER **RICO**, PIENSA EN **AHORRAR** TANTO COMO EN GANAR.
> **BENJAMIN FRANKLIN**

Multiplica tu dinero

Existen distintos tipos de cuentas bancarias y algunas están pensadas especialmente para los ahorradores. Suelen ofrecer los mejores tipos de interés, lo que significa que el banco añadirá dinero periódicamente a los fondos que hay en tu cuenta, normalmente una vez al mes o al año. Imagina que dispones de 1.000 euros, de un regalo o una herencia familiar y quieres ahorrarlos, y decides ingresarlos en una cuenta de ahorro que te da un 10%

⊙ Inversión inicial
Dispones de 1.000 euros y los ingresas en una cuenta de ahorro que te ofrece un tipo de interés, por ejemplo, del 10% anual durante un período de diez años.

⊙ Un año después
A tus 1.000 euros iniciales se les ha sumado un interés del 10%, 100 euros, así que ahora tienes 1.100 euros en cuenta. Al año siguiente habrá que sumar un 10% a los 1.100, y así sucesivamente.

⊙ Cinco años después
Tu dinero crece año tras año y ganas los intereses sobre la suma total, también sobre los intereses anteriores. En cinco años, el dinero de tu cuenta habrá aumentado hasta los 1.610,51 euros.

LOS AHORROS CRECEN CON EL TIEMPO...

SI ALGUIEN PUEDE **SENTARSE HOY** A LA SOMBRA DE UN ÁRBOL ES PORQUE HUBO ALGUIEN QUE LO PLANTÓ **HACE MUCHO TIEMPO.**

WARREN BUFFET

anual. Al cabo de un año tu dinero habrá aumentado en un 10% y tendrás 1.100 euros, pero como es lo que se llama un interés compuesto, el año siguiente el 10% se aplicará sobre los 1.100 euros, por lo que en vez de ganar 100 euros, ganarás 110. Existe una herramienta muy útil para calcular cómo aumenta el dinero con el interés compuesto, la «regla del 72». Si el tipo de interés es x por ciento al año, la cantidad se doblará cada 72 dividido por x años. Así, si el tipo de interés es un 8% al año, el dinero se habrá doblado en nueve años. ¡Y eso es mucho mejor que guardarlo en un cerdito!

Las primeras huchas con la forma de un cerdito aparecieron en Java, Indonesia, en el siglo XIV.

Tipo fijo

Los tipos de interés van variando, por lo que el dinero de tu cuenta aumentará según sean los tipos en el momento en que se calculan los intereses de ese año. A veces serán más altos que

cuando abriste la cuenta, y otras más bajos. Para evitar la incertidumbre, puedes abrir un depósito con un tipo fijo de interés durante un período determinado de tiempo. No obstante, si optas por esta opción y los tipos de interés suben, saldrás perdiendo.

La pérdida de intereses

Cuanto más tiempo tengas el dinero en la cuenta, más crecerá. Y si depositas más dinero de vez en cuando, aumentará todavía más rápido. El banco te ofrecerá un mejor tipo de interés si aceptas no retirar el dinero durante un tiempo determinado, pongamos que durante cinco o diez años. De este modo, al final acabarás teniendo una suma mayor de dinero, pero no podrás disponer de él para una emergencia, porque si lo retiras antes de tiempo deberás pagar una penalización. Claro que así es menos probable que tengas la tentación de echar mano de tus ahorros a menos que sea algo absolutamente necesario.

Ver también: 144-145

❯ Beneficios finales

Tras siete años, los 1.000 euros con los que empezaste prácticamente se han doblado y son 1.948,72 euros. Transcurridos diez años, recibirás un total de 2.593,74 euros.

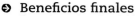

... Y ASEGURAN TU FUTURO.

COMPRAR COMO INVERSIÓN

Normalmente compramos lo que queremos o necesitamos, y ahorramos lo que nos sobra. Pero hay personas que usan ese dinero para comprar cosas que creen que aumentarán de valor, como por ejemplo pisos, oro y joyas, obras de arte o incluso buenos vinos.

Hacer PLANES

A LO LARGO DE LOS AÑOS TOMAMOS DECISIONES SOBRE EL TIPO DE VIDA QUE QUEREMOS LLEVAR: QUÉ TRABAJO VAMOS A DESEMPEÑAR, DÓNDE VAMOS A VIVIR O EN QUÉ VAMOS A GASTAR EL DINERO. CUANDO PENSAMOS EN EL FUTURO, DEBEMOS RECORDAR QUE ESTE ES IMPREDECIBLE, Y HACER PLANES QUE GARANTICEN NUESTRA SEGURIDAD SI LAS COSAS SE TUERCEN.

> UNA **PENSIÓN** NO ES MÁS QUE UNA **COMPENSACIÓN** DIFERIDA.
>
> ELIZABETH WARREN, TEÓRICA ESTADOUNIDENSE

Asumir responsabilidades

En cuanto un joven deja la casa de sus padres y se independiza, empieza a asumir responsabilidades. Entre ellas comprar las cosas del día a día, como la comida o la ropa, pagar un lugar donde vivir y las facturas domésticas. Pero para poder cumplir con sus responsabilidades, necesita tener ingresos, normalmente procedentes de un trabajo o un negocio. A medida que progresa, es muy probable que asuma responsabilidades económicas adicionales, como una hipoteca para comprar una casa o un piso, o un préstamo para un negocio propio, y se comprometa a pagar una cantidad fija a lo largo de varios años. Está bien asumir este tipo de compromisos siempre que cobres lo suficiente para hacerles frente. Los problemas aparecen si no has considerado qué hacer en caso de que las cosas se tuerzan. Piensa que aunque tus ingresos disminuyan deberás seguir pagando las facturas. Y si tienes pareja o hijos, eso también les afectará.

¿Y si todo sale mal?

Cuando planificamos el futuro no queremos pensar que las cosas pueden salir mal, sobre todo si se trata de algo tan importante como aceptar un nuevo trabajo, casarse o comprar un piso. Pero las cosas a veces se tuercen: puedes perder el trabajo si la empresa para la que trabajas quiebra o si no puedes trabajar a causa de una enfermedad. En muchos países, el gobierno apoya económicamente a

> ¡PLANIFICAR PUEDE AYUDARTE A TENER UN FUTURO MEJOR!

◉ **Mirar al futuro**
La vida es imprevisible, pero planificar puede facilitarte las cosas. Los seguros y el ahorro pueden proporcionarte fondos para superar los momentos difíciles económicamente y lidiar con gastos imprevistos.

> ## SE REQUIERE LA MISMA ENERGÍA PARA DESEAR QUE PARA PLANEAR.
> ELEANOR ROOSEVELT, POLÍTICA ESTADOUNIDENSE

las personas enfermas o en paro. Pero con eso apenas si pueden cubrirse las necesidades básicas. Así que, cuando hagas planes, no está de más pensar en contratar un seguro. Puedes ahorrar dinero regularmente para tener un fondo para emergencias, o contratar una póliza de seguros que te dará una mayor tranquilidad y puede pagarse a plazos. Cuando pides un préstamo o una hipoteca, puedes contratar un seguro que cubra los gastos en caso de que no puedas pagarla. También hay pólizas que te indemnizan en caso de accidente o enfermedad, y seguros de vida para que tu familia quede cubierta en caso de que mueras.

Hacerse mayor

Con la edad, nuestras circunstancias cambian. Llegará un momento en que decidas dejar de trabajar, pero seguirás necesitando dinero. La mayoría de los países tienen un sistema de pensiones de jubilación, pero tal vez no es suficiente para seguir llevando

la vida a la que estás acostumbrado. Se puede complementar con un plan de pensiones privado, en el que, para poder tener una pensión en el futuro, mientras cotizas realizas aportaciones regulares.

La mayoría de nuestros planes son para la vida que nos queda por delante, pero también debemos planificar lo que pasará cuando muramos. Además de un seguro que cubra los compromisos que hemos asumido, que serán responsabilidad de aquellos que dejamos atrás, debemos considerar qué va a suceder con el dinero y las propiedades que poseemos. Lo que posees al morir está sujeto a impuestos, pero lo que quede una vez pagados estos puedes legárselo a familiares o amigos. Si haces testamento, un documento oficial que detalla tu voluntad, evitarás conflictos legales sobre quién debe quedarse con tus cosas y ocuparse de los impuestos que hay que pagar.

Dice la leyenda que los marineros y los piratas solían llevar pendientes de oro para poder pagar su entierro si morían en alta mar.

FORMAR UN HOGAR

Tarde o temprano, la mayoría de los jóvenes se van de casa de sus padres y se independizan. Cuando empiezan a ganar un sueldo pueden plantearse el compromiso de comprar una vivienda ya sea pagando un alquiler o asumiendo una hipoteca. Son muchos los que quieren formar su propia familia y, por tanto, deberán considerar la obligación económica de ocuparse de sus hijos durante muchos años.

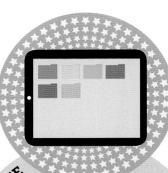

INTENTA ORGANIZARTE

Para manejar tu dinero y planificarte, necesitas conocer tanto tus ingresos como tus gastos. La clave está en llevar un registro de lo que gastas y lo que ganas en un libro de cuentas o en el ordenador. Y no dejes de revisar tu cuenta bancaria con regularidad.

UN VIAJE SEGURO

Viajar al extranjero puede salir muy caro si algo se tuerce. Si te retrasas a causa del mal tiempo puedes acabar pagando más de lo presupuestado, y la cosa puede ser todavía peor si te roban o necesitas atención médica. Para que no te ocurra, contrata un seguro de viaje antes de salir, ya sea uno específico o uno que cubra todos tus viajes.

Finanzas personales en la
PRÁCTICA

PREPÁRATE

Si vas al banco a pedir un préstamo, van a querer saber si podrás devolverlo y si tienes alguna garantía, como una casa, para usar en caso de impago. Tendrás más posibilidades de que te lo concedan si les das la información que quieren, así que prepárate a conciencia.

PIDE AYUDA

Si dispones de algún dinero extra, puede que no sepas qué hacer para ahorrar al máximo. Hay muchos planes de ahorro, así que puede serte útil contactar con un asesor financiero independiente. También hay organizaciones que pueden asesorarte sobre préstamos y problemas en caso de deudas.

Entre los jóvenes, la tasa de desempleo suele ser más alta que entre el resto de la población. Normalmente hay muchos jóvenes que solicitan el mismo puesto de trabajo. Para ser competitivo en el mercado laboral y conseguir un buen trabajo, es importante tener una buena formación académica y aptitudes que otros no tengan.

MERCADO **LABORAL**

SEGURIDAD EN LA RED

Los bancos y las empresas de servicios intentan que las operaciones por internet sean seguras mediante el *software* y la criptografía. Pero también tú debes proteger tu dinero. Esconde tus claves y contraseñas, usa solo sitios de confianza y vigila tu móvil, pues contiene información muy valiosa para los *hackers*.

La gestión de las finanzas personales se parece mucho a la gestión de una empresa. Para evitar los problemas económicos debes controlar el dinero que entra y el que sale, y encontrar la manera de equilibrar los ingresos y los gastos.

La mayoría de los jóvenes que se independizan optan por el alquiler. Pero en algún momento pueden decidir pedir un préstamo para comprar un piso o una casa. La ventaja es que la propiedad les pertenecerá, pero es también una responsabilidad, ya que deberán ocuparse de su mantenimiento y de devolver el préstamo.

TU PROPIA CASA

POR SI **ACASO**

Los seguros son una buena manera de protegerse, pues si algo va mal y no estás asegurado, puede costarte muy caro. Pero ten cuidado con los comerciales muy persuasivos y lee atentamente la letra pequeña de la póliza. Cuando compres un aparato electrónico es muy posible que te ofrezcan un seguro para caso de robo o rotura. Si cuesta lo mismo que otro nuevo, no vale la pena.

Directorio de economistas

Maurice Allais (1911-2010)

Este economista francés fue uno de los pioneros de la economía de la conducta. Estudió la psicología relacionada con la toma de decisiones y en concreto lo racional que es nuestro comportamiento económico cuando tiene distintas opciones. Estudió matemáticas en París y trabajó como ingeniero antes de ser nombrado profesor de economía en la École Nationale Supérieure des Mines. Ganó el premio Nobel de Economía en 1988.

Jean Bodin (1530-1596)

Hijo de un sastre francés, fue abogado, historiador y un influyente pensador político. Publicó uno de los primeros estudios sobre la inflación. Estableció una conexión entre la cantidad de productos y la cantidad de dinero en circulación, y achacó la subida de precios en toda Europa al influjo del oro y la plata procedentes de las colonias españolas en Sudamérica, durante el siglo XVI, cuando la población estaba creciendo.

Ha-Joon Chang (1963-)

El surcoreano Ha-Joon Chang trabaja en la Universidad de Cambridge, Reino Unido, y es una voz crítica destacada de la corriente de pensamiento económico prominente y las políticas de desarrollo. En libros como *Retirar la escalera*, *¿Qué fue del buen samaritano?* y *23 cosas que no te cuentan sobre el capitalismo*, cuestiona el impacto del libre comercio y la globalización, y defiende formas alternativas de intervención para abordar la pobreza.

Antoine Augustin Cournot (1801-1877)

A pesar de haber nacido en una familia relativamente pobre, Antoine Cournot estudió matemáticas y fue tutor y secretario de uno de los generales de Napoleón y profesor universitario. Fue uno de los pioneros en usar las matemáticas en economía, comparó la producción industrial y los beneficios de los monopolios y los duopolios, y fue el primero en trazar una curva de oferta y demanda en una gráfica para ilustrar la relación entre la demanda de un artículo y su precio.

Gérard Debreu (1921-2004)

En 1948, este matemático francés viajó a Estados Unidos y se unió a la influyente Comisión Cowles de la Universidad de Chicago, que aplicaba las matemáticas a cuestiones económicas. En 1983 ganó el premio Nobel por su trabajo sobre el equilibrio, es decir, sobre la forma en que los mercados pueden lograr un equilibrio eficiente, justo y estable entre las demandas de los consumidores y las empresas, y la oferta de productos y servicios.

Richard Easterlin (1926-)

Este profesor de economía estadounidense presentó su «paradoja de Easterlin» en 1974. Fue autor de un estudio sobre la felicidad analizando a personas de 19 países durante tres décadas y descubrió que a mayores ingresos mayor era la felicidad, tal como esperaba, pero que no variaba demasiado de un país a otro aunque estos tuvieran distintas rentas nacionales. Los países más ricos no eran necesariamente los más felices. Estados Unidos experimentó un aumento del PIB desde 1946 pero una disminución de la felicidad en la década de los sesenta del siglo XX. Esta paradoja llevó a investigar la relación entre economía y bienestar.

Ernst Engel (1821-1896)

En 1885, el estadístico alemán Ernst Engel habló de la «elasticidad» de la demanda, demostrando que los cambios en los ingresos alteraban el nivel de demanda. La «ley de Engel» demostraba que a medida que una persona se enriquece, su gasto en artículos de primera necesidad, como comida, aumenta menos de lo que han aumentado sus ingresos, pero lo que gasta en lujos, como unas vacaciones, aumenta tan rápidamente o más que sus ingresos.

Eugene Fama (1939-)

Este italoamericano de tercera generación fue el primero de su familia que fue a la universidad. En los años sesenta del siglo XX demostró que era imposible predecir las fluctuaciones en el precio del mercado bursátil a corto plazo, y que los precios responden a las nuevas informaciones casi instantáneamente, lo que hace que el mercado sea eficiente. Como padre de la «teoría de los mercados eficientes», ganó el premio Nobel de Economía en 2013.

Milton Friedman (1912-2006) Ver p. 118

Ragnar Frisch (1895-1973)

Nació en Noruega y aprendió el oficio de orfebre. Pionero en el uso de las matemáticas y la estadística en economía, acuñó los términos «econometría», «microeconomía» y «macroeconomía». En 1932 fundó el Instituto de Economía de Oslo y en 1969 fue el primero en recibir el premio Nobel en Ciencias Económicas, junto a su colega Jan Tinbergen.

John Kenneth Galbraith (1908-2006)

John Kenneth Galbraith estudió económicas en Canadá y en Estados Unidos. Mientras enseñaba en la Universidad de Cambridge, Reino Unido, se vio muy influenciado por John Maynard Keynes (ver p. 111). Durante la Segunda Guerra Mundial, fue director adjunto de la oficina gubernamental estadounidense de la Administración de Precios, pero su apoyo a los controles de precios permanentes acabó provocando su dimisión. Trabajó como periodista, académico y asesor económico del presidente John F. Kennedy, y en 1958 tuvo mucho éxito con su libro *La sociedad opulenta*.

Robert Giffen (1837-1910)

Los bienes de Giffen, productos cuya demanda aumenta cuando sube su precio, deben su nombre a Robert Giffen, un escocés que fue periodista financiero, estadístico y economista. El primer bien de Giffen fue el pan (ver p. 40), el alimento básico de los más pobres de la sociedad británica en el siglo xix. Cuando el precio del pan subía, los pobres, que no podían permitirse comprar carne, gastaban más en pan para sobrevivir. La demanda crecía porque disponían todavía de menos dinero para comprar otros alimentos.

Friedrich Hayek (1899-1992) Ver p. 100

David Hume (1711-1776)
David Hume fue uno de los filósofos y economistas británicos más influyentes del siglo xviii. Ingresó en la Universidad de Edimburgo a los 12 años, vivió en París y Londres, y luego regresó a Edimburgo. Escritor prolífico, afirmaba que la libertad económica es esencial para la libertad política. Demostró asimismo que los precios cambian cuando cambia la oferta de dinero. Limitar las importaciones y fomentar las exportaciones no aumenta la riqueza de un país. Si las exportaciones aumentan y circula más oro para pagarlas, los precios en dicho país suben.

William Jevons (1835-1882)
Este economista británico fue un escritor prolífico que escribía sobre lógica y economía. Demostró que el valor de un producto depende de su utilidad para el consumidor, no de lo que cuesta producirlo. Su idea de la «utilidad marginal» permite explicar el comportamiento del consumidor. Disfrutas menos del último bombón que te comes que del primero. La utilidad (el valor) de cada bombón adicional (su utilidad marginal) va disminuyendo, así que solo comprarás más si su precio baja, y si no comprarás otro producto para obtener una mayor utilidad.

Daniel Kahneman (1934-) y Amos Tversky 1937-1996) Ver p. 88

John Maynard Keynes (1883-1946) Ver p. 111

Paul Krugman (1953-)
Este economista estadounidense es conocido por su trabajo pionero sobre las finanzas y el comercio internacional, y por su análisis de la crisis monetaria y la política fiscal (impuestos). En 2008 ganó el premio Nobel por su estudio sobre las pautas del comercio internacional, conocido como la Nueva teoría del Comercio. Demostró que la ubicación de una actividad económica está motivada por la preferencia de los consumidores de poder escoger entre distintas marcas, las economías de escala de los productores y el coste del transporte de mercancías.

Arthur Laffer (1940-)
Miembro del colectivo de economistas estadounidenses que en los años setenta del siglo xx recomendaron menos intervención por parte del gobierno en las compañías que suministraban productos y servicios. Es conocido sobre todo por la «curva de Laffer», una gráfica que muestra la relación entre los tipos impositivos y la recaudación fiscal, y que si se suben los impuestos más allá de un punto, el gobierno puede obtener menos ingresos.

Christine Lagarde (1956-)
Nacida en París, Francia, empezó estudiando derecho y trabajó para una firma de abogados, para posteriormente iniciar su carrera política. En 2005 fue nombrada ministra francesa de Comercio e Industria y luego ministra de Finanzas. En 2011, fue elegida directora general del Fondo Monetario Internacional.

Thomas Malthus (1766-1834)
Este economista británico fue apadrinado por los filósofos David Hume y Jean-Jacques Rousseau, y estudió en la Universidad de Cambridge. Fue clérigo en la Iglesia de Inglaterra, pero se le conoce sobre todo por su estudio sobre la conexión entre el crecimiento de la población y la pobreza. En 1805 se convirtió en el primer profesor especializado en economía política.

Alfred Marshall (1842-1924)
Es uno de los economistas británicos más influyentes y uno de los fundadores de la escuela neoclásica. Incorporó un método científico al estudio de la economía. En su obra *Principios de economía*, aborda detalladamente todos los aspectos del tema, por lo que se convirtió en el manual de referencia para los estudiantes durante más de cincuenta años. Dio clases en las universidades de Bristol y Cambridge. Entre los muchos estudiantes a los que influenció destaca John Maynard Keynes (ver p. 111).

Karl Marx (1818-1883) Ver p. 48

Carl Menger (1840-1921)
Oriundo de Polonia, fue profesor de economía en la Universidad de Viena, donde ayudó a desarrollar la teoría de la utilidad marginal, explicando el valor de los productos a partir de cada unidad adicional. Su estudio sobre el tema provocó la ruptura con los pensadores económicos alemanes imperantes y la fundación de la Escuela Austríaca de Economía con sus colegas Eugen Böhm von Bawerk y Friedrich von Wieser, entre otros.

John Stuart Mill (1806-1873)
Mill nació en el seno de una familia inglesa de pensadores prominentes y además de economista fue filósofo, político y activista. Sus teorías sobre la libertad del individuo frente a la intervención gubernamental constituyeron la base del liberalismo económico y político que anidó en Gran Bretaña en el siglo xix. Fue miembro del Parlamento en los años sesenta del siglo xix y destacó por sus opiniones sobre la justicia social. Se oponía a la esclavitud y junto a su esposa, Harriet Taylor, hizo campaña a favor de los derechos de la mujer.

Hyman Minsky (1919-1996)
Es conocido sobre todo por su descripción de las crisis económicas y por el «momento Minsky» (ver p. 82), el momento en que la quiebra es inevitable. Fue profesor de economía en la Universidad de Washington, St. Louis, y lo que más le interesaba eran los altibajos que pueden provocar «los auges y las caídas». Influido por J. M. Keynes, recomendó la intervención gubernamental en los mercados financieros.

Ludwig von Mises (1881-1973)
Economista destacado de la Escuela Austríaca, Von Mises estudió con el profesor Eugen Böhm von Bawerk en la Universidad de Viena. En la década de los treinta del siglo XX, cuando los nazis llegaron al poder, se marchó a Ginebra y finalmente se instaló en Nueva York, donde trabajó como profesor universitario. Sus teorías económicas antisocialistas tuvieron una gran influencia sobre Friedrich Hayek y los economistas neoliberales de Estados Unidos durante la segunda mitad del siglo XX.

Franco Modigliani (1918-2003)
Modigliani, antifascista declarado y judío, dejó su Italia natal en 1938 para escapar de la dictadura fascista de Mussolini. Vivió en París y finalmente se instaló en Estados Unidos, donde dio clases de economía y trabajó como profesor en el Instituto Tecnológico de Massachusetts. En 1985 ganó el premio Nobel por su estudio sobre ahorro y mercados financieros.

Dambisa Moyo (1969-)
Moyo, una economista internacional que nació en Zambia y actualmente vive en Nueva York, es conocida sobre todo por su controvertida oposición a prestar ayuda a los países en vías de desarrollo, que recogía en su primer libro *Cuando la ayuda es un problema*. Se trasladó a Estados Unidos para realizar sus estudios y se licenció como economista en Oxford. Tras trabajar para el Banco Mundial y Goldman Sachs, se ha dedicado a escribir y hablar sobre desarrollo y economía internacional, pero además forma parte del consejo de varias empresas, bancos y organizaciones benéficas importantes.

John Forbes Nash (1928-2015)
En 1994 fue coganador del premio Nobel de Ciencias Económicas y fue un matemático brillante cuyo trabajo en la «teoría de juegos» sirvió para explicar el modo en que interactuamos unos con otros cuando tomamos decisiones económicas. La película *Una mente maravillosa* está basada en su vida, y recoge especialmente su lucha con la esquizofrenia.

Elinor Ostrom (1933-2012)
Fue la primera mujer, y de momento la única, que ganó el premio Nobel en Ciencias Económicas (junto con Oliver Williamson en 2009). Nació en Los Ángeles, California, estudió en UCLA y dio clases en las universidades estatales de Indiana y Arizona, donde fue reconocida por su trabajo sobre política, gobierno y economía, y especialmente sobre la producción de productos y servicios públicos.

Vilfredo Pareto (1848-1923)
Hijo de madre francesa y padre italiano, a pesar de haber nacido en Francia se crio en Italia, donde estudió ingeniería y trabajó de ingeniero civil. Posteriormente se interesó por la economía y la sociología, y a los 45 años se convirtió en profesor de economía política en la Universidad de Lausana. Es conocido sobre todo por su trabajo sobre la economía del bienestar y la distribución de ingresos, que incluye la «eficiencia de Pareto», que lleva su nombre.

Arthur Pigou (1877-1959)
Alumno de Alfred Marshall en Cambridge, este economista británico desarrolló la idea de los «Impuestos Pigouvianos», para negocios que creaban externalidades causando daños o costes a otros. En 1908 fue nombrado profesor de economía política en Cambridge.

Robert Putnam (1941-)
Este politólogo estadounidense está interesado en la política pública y el cambio social. En su libro *Solo en la bolera*, analiza la relación entre sociedad y economía. Las redes sociales en la sociedad, que denomina «capital social», son un recurso que según él cada vez es más escaso en el mundo moderno.

François Quesnay (1694-1774)
Nacido en Méré, Versalles, fue uno de los primeros economistas modernos. Estudió medicina y trabajó como médico en la corte; luego se dedicó a la economía y en 1758 escribió *Cuadro económico*, una de las primeras descripciones del funcionamiento económico.

David Ricardo (1772-1823) Ver p. 67

Joan Robinson (1903-1983)
Fue una de las primeras mujeres economistas de éxito. Estudió en la Universidad de Cambridge y tras un período viajando, regresó a dicha universidad pero como profesora. Allí recibió la influencia de John Maynard Keynes (ver p. 111) y a partir de sus ideas desarrolló sus propias teorías sobre economía monetaria. Además volvió a despertar el interés por la economía marxista. Gran viajera, fue pionera en ideas sobre el desarrollo económico.

Dani Rodrik (1957-)
Este economista turco estudió económicas en Estados Unidos, donde trabaja como profesor de economía política internacional en Harvard, aunque mantiene un fuerte vínculo con su Turquía natal. Muy influyente en el campo del desarrollo económico internacional.

Jeffrey Sachs (1954-)
Asesor de muchos gobiernos latinoamericanos y comunistas del este de Europa y la Unión Soviética en los ochenta y noventa del siglo XX, ha trabajado en desarrollo sostenible y salud pública. Nació en Detroit, Michigan, y estudió en la Universidad de Harvard, donde también dio clases. Desde 2002 es director del Earth Institute de la Universidad de Columbia (Nueva York).

Jean-Baptiste Say (1767-1832)
Conocido sobre todo por su descripción de la oferta y la demanda en el mercado, la famosa «ley de Say», este economista francés completó su educación en Inglaterra. Trabajó como comerciante y fundó una fábrica de algodón, pero también fue editor de una revista política en París, que popularizó las ideas de Adam Smith (ver p. 32).

Joseph Schumpeter (1883-1950)
Nació en Moravia, en el entonces Imperio Austro-Húngaro, se trasladó a Viena, donde ingresó en la universidad. Dio clases en la Universidad de Czernowitz (actualmente Ucrania) y Graz (Austria).

Tras la Primera Guerra Mundial, fue nombrado ministro de Finanzas en Austria. En 1924 se fue a Estados Unidos. Como Marx (ver p. 48), pensaba que el capitalismo es destructivo.

Amartya Sen (1933-)
Este economista indio ganó el premio Nobel de Economía en 1998 por su trabajo sobre la economía del bienestar, un estudio sobre la mejor manera de distribuir los recursos. Estudió en la Universidad de Calcuta y en la de Cambridge, para luego dedicarse a enseñar en las universidades de la India, Estados Unidos y Reino Unido.

Herbert Simon (1916-2001)
Erudito y pensador destacado en muchos campos, entre ellos la psicología, la sociología, la informática y la inteligencia artificial, así como la política y la economía. Fue un pionero de la economía conductual y sobre todo de la idea de la «racionalidad limitada» (ver p. 88), por la que recibió el premio Nobel de Economía en 1978.

Adam Smith (1723-1790) Ver p. 32

George Stigler (1911-1991)
Miembro destacado de la Escuela de Economía de Chicago junto con Milton Friedman (ver p. 118), ganó el premio Nobel en 1982. Nació en Seattle, Washington, estudió en la Universidad de Chicago y tras un período enseñando en la Universidad de Columbia, en Nueva York, en 1958 regresó a Chicago. Además de investigar el comportamiento del gobierno y la historia de la economía, fue uno de los primeros economistas que analizaron el nuevo campo de la economía de la información.

Joseph Stiglitz (1943-)
Este economista americano se dio a conocer gracias a su trabajo sobre la economía de la información, y se convirtió en asesor del presidente Bill Clinton en los años noventa del siglo xx. También fue economista jefe del Banco Mundial. Es crítico con la economía del libre mercado imperante, especialmente con el modo en que las multinacionales e instituciones como el Fondo Monetario Internacional y el Banco Mundial gestionan la globalización.

James Tobin (1918-2002)
El que en los años sesenta del siglo xx fuera asesor económico del presidente John F. Kennedy, estudió en Harvard, donde conoció a John Maynard Keynes (ver p. 111), y se convirtió en defensor de sus políticas económicas. Era un experto en impuestos y propuso la llamada «tasa Tobin» sobre las transacciones financieras para evitar la especulación irresponsable en los mercados financieros.

Thorstein Veblen (1857-1929)
Se crio en una granja en Minnesota, Estados Unidos, en el seno de una familia de inmigrantes noruegos. Rechazaba muchas de las opiniones que sostenían los economistas de la época. Desarrolló un enfoque poco convencional que combinaba la sociología y la economía, y que era muy crítico con el capitalismo. Y en su *Teoría de la clase ociosa* describió la idea del «consumo conspicuo» y los bienes de Veblen (ver p. 59), que llevan su nombre.

Léon Walras (1834-1910)
Este economista francés estudió ingeniería y trabajó entre otras cosas como periodista y director de banco, pero acabó por dedicarse a la economía. Cuando lo nombraron profesor de economía política en la Universidad de Lausana, decidió aplicar sus conocimientos matemáticos a su estudio de la economía. Fue allí donde desarrolló sus teorías del valor marginal y el equilibrio de los mercados.

Marilyn Waring (1952-)
Política y economista neozelandesa. Fue elegida miembro del Parlamento de Nueva Zelanda con solo 23 años, pero en 1984 dejó la política para proseguir con su carrera académica. Su obra *Si las mujeres contaran* fue un hito dentro de la economía feminista, y señalaba que el pensamiento económico predominante ignoraba las contribuciones que las mujeres habían hecho a la economía.

Beatrice Webb (1858-1943) y Sidney Webb (1859-1947)
Beatrice Webb, economista, historiadora y activista, y su marido Sidney fueron figuras clave del movimiento sindicalista británico, del movimiento cooperativista, de la sociedad socialista fabiana y en la creación del Partido Laborista, uno de los principales partidos políticos del Reino Unido. Juntos hicieron campaña a favor de las reformas sociales, entre ellas el salario mínimo y la creación de un Estado del bienestar. Además de escribir varios libros juntos, se encuentran entre los cofundadores de la London School of Economics.

Max Weber (1864-1920)
Nació en Erfurt, Alemania, fue uno de los fundadores del estudio moderno de sociología y dio clases en varias universidades alemanas. En su ensayo *La ética protestante y el espíritu del capitalismo,* contaba que la atmósfera social y religiosa del norte de Europa se combinó con el capitalismo y la industrialización propiciando el crecimiento económico.

Friedrich von Wieser (1851-1926)
Miembro destacado de la Escuela Austríaca de Economía, trabajó de funcionario antes de convertirse en profesor de la Universidad de Viena. Entre sus contribuciones destacan su trabajo sobre la idea de la utilidad marginal (ver p. 41), así como las teorías del valor y la idea del coste de oportunidad.

Yanis Varoufakis (1961-)
Este «marxista libertario» nació en Atenas, Grecia, estudió matemáticas en el Reino Unido y luego se licenció en económicas. A partir de 1988 enseñó en la Universidad de Sydney, Australia, pero en 2000 regresó a Grecia, donde trabaja como profesor en la Universidad de Atenas y como asesor del gobierno. En 2015 fue nombrado ministro de Finanzas por el gobierno de izquierdas de Syriza, pero dimitió siete meses después. Fue su forma de protestar por las condiciones de austeridad impuestas por las instituciones financieras internacionales sobre Grecia a cambio del rescate (ver p. 107).

Glosario

Acciones
Participaciones de propiedad de una *empresa*, que se venden a los inversores a cambio de *capital* para desarrollar los negocios; también se llaman valores.

Activo
Cosas que alguien posee y pueden usarse como recursos, por ejemplo dinero, propiedades o maquinaria. También lo es el dinero que vas a recibir como pago futuro por algún producto, o una deuda pendiente.

Arancel
Impuesto que un país carga sobre las *importaciones*.

Balanza comercial
Diferencia entre el valor de las *importaciones* y las *exportaciones* de un país en un período de tiempo.

Balanza de pagos
La cantidad total de dinero que entra en un país desde el extranjero en *exportaciones* menos la cantidad total que sale para pagar las *importaciones* en un período determinado de tiempo.

Beneficio
Ingresos totales de una empresa menos los costes totales.

Bono
Tipo de préstamo que se usa para recaudar *capital*. Los bonos, los emite un *gobierno* o empresa a cambio de una suma de dinero; el emisor del bono se compromete a devolver la suma prestada más *intereses* en una fecha determinada.

Capital
Los medios de producción, el dinero y los *activos* físicos que una empresa usa para producir productos y servicios, y conseguir ingresos.

Capitalismo
Sistema económico en el que los medios de *producción* son de propiedad privada, las empresas compiten para vender sus *productos* y obtener *beneficio*, y los trabajadores trabajan a cambio de un sueldo.

Cártel
Empresas que acuerdan fijar el precio de sus *productos* o limitar su producción para que suban los precios.

Competencia
La competencia surge al intentar varias empresas que un comprador sea su cliente ofreciéndole las mejores condiciones. A más competitividad, mayor eficacia de las empresas y precios más bajos.

Comunismo
Sistema político y económico ideado por Karl Marx y basado en la igualdad, en el que la propiedad y los medios de *producción* son de propiedad colectiva. Se parece al *socialismo*, y se opone al *capitalismo*.

Concurso de acreedores
Situación legal en la que entra una empresa que no puede pagar sus *deudas*.

Consumo
La compra, y el valor, de los *productos* o *servicios*. Los *gobiernos* suman las compras individuales para calcular el consumo nacional. Cuantos más recursos consume una sociedad, menos dinero dedica a ahorrar y a hacer *inversiones*.

Corporación
Empresa legalmente autorizada a actuar como una sola entidad y es propiedad de sus accionistas, que eligen a directivos para dirigirla.

Coste de la vida
Coste medio de las necesidades básicas, como comida o vivienda. Mide lo caro que resulta tener un nivel de vida aceptable en los distintos países o localidades.

Crecimiento
Aumento en la producción potencial de una economía durante un período de tiempo. Puede medirse comparando el *PIB* de un país con el de otro, per cápita (por habitante).

Crédito
Pago diferido. Un acreedor (prestamista) presta dinero a un deudor (prestatario), que lo devolverá más adelante.

Crisis

Descenso fuerte y prolongado de la actividad económica durante el que la *demanda* y la producción se desploman, el paro aumenta y el *crédito* es escaso.

Cuota

Límite que impone un país sobre el número de *productos* importados de otro país.

Déficit

Desajuste. Un déficit comercial se da cuando las *importaciones* exceden a las *exportaciones*. Un déficit del *presupuesto* del *gobierno* se da cuando los gastos públicos exceden los ingresos por *impuestos*. Se trata de lo contrario al *superávit*.

Deflación

Descenso persistente en el precio de *productos* y *servicios* a lo largo del tiempo. Lo contrario a *inflación*.

Demanda

Cantidad de *productos* o *servicios* que una persona, o grupo de personas, puede o está dispuesta a comprar. Cuanto mayor es la demanda, más alto es el precio.

Desarrollo

Políticas e *inversiones* con las que la economía de un país crece y aumenta el bienestar de sus ciudadanos, o pensadas para ayudar a otros países más pobres en vías de desarrollo.

Deuda

Promesa que hace una parte (el deudor) a otra (el acreedor) de devolver un préstamo.

División de trabajo

Asignación de tareas a personas u organizaciones según sus destrezas y recursos, para mejorar su eficacia y aumentar la producción.

Economía clásica

Enfoque desarrollado por Adam Smith y otros en los siglos XVIII-XX, centrado en el *crecimiento* de las naciones y los *mercados* libres, en los que la búsqueda del interés particular produce beneficios económicos para todo el mundo.

Economía conductual

Rama de la economía que estudia los efectos de factores sociales y psicológicos sobre las decisiones.

Economía de libre mercado

Economía de *mercado* en la que las decisiones sobre la *producción* y los precios las toman individuos y compañías privadas, basándose en *la oferta y la demanda*, con ningún o muy poco control por parte del *gobierno*.

Economía neoclásica

Planteamiento económico dominante en la actualidad. Se desarrolló a partir de las ideas de libre mercado de la *economía clásica* y se basa en el concepto de la *oferta* y la *demanda*, y en el de que los individuos toman decisiones racionales.

Empresa

Negocio en el que dos o más personas trabajan juntas para fabricar un producto u ofrecer un servicio. Las compañías grandes suelen llamarse *corporaciones*.

Escuela Austríaca

La fundó Carl Menger a finales del siglo XIX. Esta escuela de economía atribuía toda la actividad económica a las decisiones y acciones de los individuos, y se oponía a cualquier intervención del *gobierno*.

Escuela de Chicago

Grupo de economistas a favor del mercado libre, cuyos ideales de limitar el papel del *gobierno* y liberalización imperaron en los años ochenta del siglo XX.

Especular

Reducir el riesgo asumiendo un nuevo riesgo para compensar otro ya existente. Los fondos especulativos son fondos de inversión que juntan capital de un número limitado de instituciones e individuos ricos y acreditados, y lo invierten en una variedad de activos.

Exportaciones

Venta de *productos* y *servicios* a otros países. Lo contrario de *importaciones*.

Externalidad

Coste o beneficio de una actividad económica que afecta a personas que no intervienen en dicha actividad y no queda reflejado en su precio. Por ejemplo, el ruido de un aeropuerto puede reducir el valor de las viviendas cercanas, pero las abejas que crías para que produzcan miel pueden polinizar los cultivos de una granja cercana.

Globalización

Libre circulación de dinero, *productos* o personas a través de las fronteras internacionales, que lleva a *mercados* cada vez más integrados y a una interdependencia económica mayor entre los países.

Gobierno
Sistema de dirección de un país, o grupo de personas que están a cargo de su gestión. Los economistas debaten si el gobierno debe intervenir o no en la economía.

Hipoteca
Préstamo basado en el valor de una propiedad. Se usa para comprar la propiedad o para otros fines. Si el prestatario no devuelve el préstamo, el prestamista puede quedarse con la propiedad y venderla. Una hipoteca es una especie de *préstamo garantizado* en el que la propiedad sirve de garantía o aval.

Impago
La no devolución de un préstamo según los términos acordados.

Importaciones
La compra de *productos* y *servicios* de otros países. Lo contrario a *exportaciones*.

Impuesto
Cargo que el *gobierno* impone a las compañías e individuos. Es obligatorio pagarlos por ley.

Industria
Término general que se refiere a la *producción* de *productos* o *servicios*. Se usa asimismo para describir un campo concreto, como la industria petrolera o la industria cinematográfica.

Inflación
Subida persistente en el precio de *productos* y *servicios* a lo largo del tiempo. Lo contrario a *deflación*.

Ingresos
Cantidad total de dinero que recibe una empresa en un determinado tiempo. También todo lo que obtiene un *gobierno* mediante impuestos y otras fuentes.

Interés
Coste de pedir dinero prestado. El pago de intereses compensa al prestador por el riesgo que asume al prestar su dinero al prestatario.

Inversión
Inyección de *capital* destinada a aumentar la *producción* y los *beneficios* futuros.

Keynesianismo
Escuela económica favorable a que el *gobierno* gaste para que la economía salga de la *recesión*, basada en las ideas de J. M. Keynes.

Laissez-faire
Vocablo francés que significa «déjales hacer», que se usa para describir los *mercados* en los que el *gobierno* no interviene.

Libre comercio
La *importación* y *exportación* de *productos* y *servicios* sin restricciones como *aranceles* o *cuotas* impuestas por los *gobiernos* o cualquier otra organización.

Macroeconomía
Estudio de la economía que analiza factores como los *tipos de interés*,

la *inflación*, el *crecimiento* y el desempleo. Campo de estudio alternativo a la *microeconomía*.

Mercado
Lugar, físico o virtual, donde se venden y compran *productos* o *servicios*.

Mercado a la baja
Período de declive en el valor de las *acciones* y *productos básicos*. Lo contrario a *mercado en alza*.

Mercado bursátil
Mercado en el que se compran y venden valores (*acciones*).

Mercado en alza
Período en el que sube el valor de las *acciones* y *productos básicos*. Lo contrario a *mercado a la baja*.

Mercancía
Cualquier producto o servicio con el que se pueda comerciar. Suele hacer referencia a las materias primas (como el petróleo o el trigo), que, al margen de quien las suministre, pueden comprarse al por mayor.

Mercantilismo
Doctrina económica predominante desde los siglos XVI-XVIII. Insistía en que el *gobierno* debía controlar el comercio exterior para mantener una *balanza de pagos* positiva y una abundante *oferta* de dinero.

Microeconomía
Estudio de los aspectos específicos que conforman la economía, como el comportamiento económico de familias, empresas o *mercados*. Alternativa a la *macroeconomía*.

Monopolio
Mercado en el que solo hay una empresa. Sin *competencia*, hay baja eficiencia y los precios son altos.

Multinacional
Una gran *empresa* que opera en distintos países.

Nacionalización
Paso de una *empresa* o *industria* privada a pública. Lo contrario a *privatización*.

Neoliberalismo
Planteamiento económico que favorece el *libre comercio* y una mayor *privatización*, junto con una intervención mínima del *gobierno*.

Oferta
Cantidad de un producto que está disponible para su compra.

Oferta y demanda
Las dos fuerzas impulsoras de la economía de *mercado*. En general, si la *oferta* es baja y la *demanda* alta, los precios suben; con *oferta* alta y *demanda* baja, los precios bajan.

PIB (Producto Interior Bruto)
Renta nacional en un año. Se calcula sumando la producción anual de *productos* y *servicios* de un país y mide su riqueza.

PNB (Producto Nacional Bruto)
Valor total de los *productos* y los *servicios* realizados en un año en un país, tanto si su *producción* se realiza dentro como fuera del país.

Política monetaria
Políticas destinadas a modificar la

oferta de dinero o los *tipos de interés*, para estimular o frenar la economía.

Préstamo garantizado
Préstamo avalado mediante *activos* del prestatario. Si este no devuelve el préstamo, el prestamista se queda con ellos.

Presupuesto
Plan financiero que detalla todos los gastos e ingresos previstos.

Privatización
Venta de empresas propiedad del Estado a inversores privados. Lo contrario a *nacionalización*.

Producción
Proceso de creación de *productos* o *servicios* para su venta. También la cantidad total producida a lo largo de un período determinado.

Productividad
Medida de la producción de un individuo, una *empresa* o un país. Se calcula dividiendo la producción total de un período por el número de horas trabajadas o de trabajadores.

Productos
Término usado para los productos físicos o las materias primas que se venden para satisfacer la *demanda*.

Proteccionismo
Política encaminada a proteger la economía de competencia extranjera imponiendo trabas comerciales como *aranceles* o *cuotas* a la *importación*.

Recesión
Período en que la producción total de una economía disminuye. Si la

recesión es grave y prolongada se conoce como depresión.

Servicios
Productos intangibles, como la banca, la peluquería o el transporte. Los servicios y los *productos* son los dos componentes básicos de la actividad económica.

Socialismo
Sistema político y económico de igualdad social en que la propiedad y los medios de *producción* están en manos y son gestionados por el *gobierno* en representación de los trabajadores, que reciben un salario. Menos extremo que el *comunismo*, ambos se oponen al *capitalismo*.

Subsidio
Dinero que paga el *gobierno* para mantener los precios artificialmente bajos y proteger las empresas que de otro modo tendrían problemas para competir con las *importaciones*.

Superávit
El comercial se da cuando las *exportaciones* exceden a las *importaciones*. El del presupuesto público se da cuando los ingresos fiscales exceden el gasto público.

Tipo de interés
Precio de pedir dinero prestado. El tipo de interés sobre un préstamo es un porcentaje de la cantidad que debe devolverse por año, además del capital prestado.

Trueque
Intercambio de *productos* o *servicios* como forma de pago directa, sin usar el dinero.

Índice

Nota: las páginas en **negrita** indican la información principal sobre el tema.

A

acciones 15, 44, 48, 49, 51, 72-3, 81, 82, 101, 129
acciones de compañías 82
accionistas 44, 48-9, 51, 100
acreedores 45
acuerdos de préstamo 79
agricultura 36, 42, 43, 93, 105
agua 30, 60, 92, 110, 112
ahorros 7, 12, 13, 128, 129, 131, 134, 142-3, 146
Allais, Maurice 148
alquiler 131, 132, 147
altcoins 23
analistas 8, 89
analistas financieros 83
aprendiz 127
aranceles 67
artículos de lujo 43, 53, 58, 59
asesores financieros 9, 128, 146
auge y quiebra 65, 71
autónomo 127
ayuda exterior 112-13
ayudas 112-13, 121

B

Banco Central Europeo 107
Banco Mundial 106, 110, 113
bancos
    ahorros 142-3
    cuentas bancarias 12, 13, 20, 128-29
    liberalización 90
    préstamos 100-1, 116-17, 135, 146
    quiebra de 91, 101, 117
    y la oferta de dinero 102-3
beneficio 50, 51
    porcentaje de 101
bienes de capital 31, 37
bienes de consumo 37
bienes de Giffen 40
bienes públicos 74, 75, 76-7
billetes 16-17, 20
bitcoin 22, 23, 27
Bodin, Jean 148
bonos 45, 80, 82, 101
bonos del Estado 82
    ayuda exterior 112-13
    e industria 49
    niveles de intervención 25, 33, 47, 64-5, 71, 74
    prestaciones sociales 111, 118, 126, 145
    préstamos 101
    suministro de bienes y servicios 76-7
    y gestión de los recursos 32
    y la quiebra de los bancos 91, 101, 117
brecha salarial 118-19
Buffet, Warren 78, 81, 143
burbuja de las «punto com» 73
burbuja de los Mares del Sur 73
burbujas económicas **72-3**

C

cadenas de montaje 53
cajeros automáticos 21, 128, 141
calentamiento global *ver* cambio climático
calificación de riesgos 134
cambio climático 74, 92-3, 95, 114, 115
cambio de divisas 19, 78
capitalismo **42-3**, 47, 49
cártel 75
Chang, Ha-Joon 148
cheques 12, 20
ciberseguridad 27
ciclo económico 71
clonación de tarjetas bancarias 26
cobros de comisión 140-1
codicia 86-7
combustibles fósiles 95, 114, 115
comercio 7, 24, 106
    justo 34-5
    libre 66-7
comercio ilegal 94
comercio internacional 66-9, 99, 104
comercio minorista 51, 58-9
Comisión Europea 107
competencia 46-7, 61, 86
    falta de 74-5
compra por impulso 133
comunismo 24, 25, 47, 48, 49, 65
concurso de acreedores 45
condiciones de trabajo 34-5, 56, 65, 95, 108, 120, 137
Consenso de Washington 107
consumismo 59
contables 9
contaminación 75, 77, 92-3, 95, 108
contraseñas 147
contratos a término 78, 82
cooperativas
    de trabajadores 54, 87
    de viviendas 54, 55
    de consumidores 55, 87
de crédito 54
copropiedad 48-9
corporaciones
    multinacionales 69, **108-9**
corporación transnacional 69
corrupción 113
coste de la vida 99, 110
coste de oportunidad 41, 124, 125
costes
    de producción 50-1, 69
    puesta en marcha de nuevas empresas 51, 100
crac del 29 de Wall Street 71
crecimiento económico 70, 71, 94, 104
crecimiento sostenible 109
créditos hipotecarios 90
crimen 23, 26, 27, 65
criptomonedas **22-3**
crisis del tulipán 72
crisis financiera de 2008 90-1, 116
cuestiones éticas **34-5**

D

déficit 99
demanda *ver* oferta y demanda
depósitos 102-3, 117
depresión 70
derechos de los consumidores/protección 65, 87, 95, 133
derechos de los trabajadores 56
derivados 78-9, 82, 83
desastres naturales 30, 121
descubierto en cuenta 128-9, 135
desigualdad 87, 110-1, 118-9, 120-1

deuda
cancelación de la 113
países más pobres 111, 113
pública 99
tarjeta de crédito 135
deudores 45
devolución a plazos 134-5, 146, 147
diferencia salarial por razones de género 136
dinero
comprar y vender 19
electrónico 20-3
invención del 6
oferta de 102-3
para viajar **140-1**, 146
valor de 13, 20
«virtual» 21, 27
directivos 44, 49, 51, 52, 87, 109, 119
dividendos 44
divisas 16-19
digitales 22-3
dinero para viajar 140-1
fijar las monedas 106
moneda única mundial 27
división del trabajo 52
dólar estadounidense 6, 16, 18, 19, 27, 140, 141

E

Easterlin, Richard 148
economía **6-7**, 25, 26
economía aplicada 9
economía del desarrollo 9
economía del *laissez-faire* 25, 47, 64, 65
economías de escala 53
economías de mercado 24, 47
fluctuaciones en 70-11
economías dirigidas 47

economías mixtas 49, 65
economías sostenibles 71
economistas 8-9
académicos 8-9
dedicados a la investigación 8
directorio de 148-51
escuelas de pensamiento 24-5, 26
políticos 8
pronósticos de los 26
efectivo 12, 20-1, 26, 128-9
emergencias 142, 144-5
emisiones de carbono 92, 93, 95, 115
empleos *ver* trabajo
empresas
financiación **100-1**, 134
funcionamiento de **50-1**, 52-3
propietarios de 48-9
empresas estatales 49, 101
empresas pequeñas 48, 51
energía 36, **114-5**
energía renovable 115
Engel, Ernst 148
equidad 82
escasez 30, 38-9
valor de 40-1, 99
Escuela Austríaca 24, 25, 100
Escuela Clásica 25, 41
Escuela de Chicago 25, 118
escuela del comportamiento 25, 88-9
Escuela Keynesiana 25
Escuela Marxista 24, 41, 64
Escuela Neoclásica 24, 25
euro 18, 19, 140
Eurozona 19, 140
evasión fiscal 77
excedente 38-9, 57, 99
exportaciones 43, 66-9, 94
externalidad 75

F

fábricas 42, 48, 53, 137
falacia del jugador 89
falsificación 26
Fama, Eugene 148
fiduciario o fiat, dinero 17
filantropía 121
Fondo Monetario Internacional (FMI) 106, 107, 117
fondos, obtener 100
Ford, Henry 100
fraude 103
Friedman, Milton 25, 86, 95, 118
Frisch, Ragnar 148
fuentes energéticas sostenibles 115

G

Galbraith, John Kenneth 17, 49, 57, 148
garantía (préstamo/hipoteca) 101, 117, 134, 146
gases de efecto invernadero 92-3, 95, 114
gasto
hacer un presupuesto 130-1
imprevistos 144-5
reducir el gasto 132-3
y ahorros 129
gasto público 75
gestión de los recursos 27, 30-1, 60
Giffen, Robert 40, 148
globalización **68-9**, 118
pros y contras 108-9
Gran Depresión 25, 71, 111
Gran Recesión 91

grandes corporaciones 49, 61, 69
Grecia, crisis de la deuda/ rescate 107, 116

H I

Hayek, Friedrich 24, 25, 100, 118
heurística 89
hiperinflación **84-5**
hipotecas 117, 131, 134, 144, 145
hogar, formar un 145, 147
«hombre económico» 88, 89
horario laboral 60, 124-5
huelgas 56
huella de carbono 95
Hume, David 32, 148–9
impago 116-7
imperialismo 104-5
importaciones 43, 65, 66-9, 94
impuesto negativo sobre la renta 95
impuesto sobre la renta 77, 95
impuestos 65, 76-7, 93, 95, 118
impuestos directos 77
impuestos indirectos 77
impuestos sobre ventas 77
«Índice Big Mac» 120
industria 42-3
y el medio ambiente 92-3
y la globalización 108-9
industrialización 92, 95
industrias nacionalizadas 49
inflación 84-5
información, divulgación de 74
infraestructuras 105, 108, 109, 113

ingeniería financiera 83, 90
ingresos *ver* salarios
inmigración 69
instituciones financieras internacionales **106-7**, 113
instrumentos financieros 82
interés 116, 117, 129, 135, 142-3
interés compuesto 143
interés propio 86, 87
internet 43, 53, 147
inversiones extranjeras 105
inversores/inversiones 48, 49, 94, 101, 118, 128, 129, 142-3
ir de compras 58-9, 133

J K L

Jevons, William 149
jubilación 145
Kahneman, Daniel 72, 88, 89
Keynes, John Maynard 25, 32, 47, 64, 111, 117
Krugman, Paul 67, 117, 149
Laffer, Arthur 77, 149
Lagarde, Christine 149
libertad e igualdad 119
libra esterlina 6
libre comercio **66-7**
libre mercado 25, 46-7, 49, 64-5, 71, 77, 86-7
y desigualdad 118-19

M

macroeconomía 9, 27, 111
Madoff, Bernie 103
malas prácticas financieras 90
Malthus, Thomas 92, 149

mano de obra esclavizada 35, 95, 120
mano de obra especializada 56, 57
Marshall, Alfred 24, 25, 38, 149
Marx, Karl 15, 24, 25, 33, 41, 47, 48, 64, 87
materias primas 36, 50, 51, 53, 69, 108
mecanización 42-3, 57
medio de intercambio 12, 16-19, 20
Menger, Karl 149
mentalidad de rebaño 73
mercado a la baja 80
mercado de futuros 78-81
mercado en alza 80
mercado laboral 56-7
mercados 7, **14-15**
fallos de los **74-5**
regulación de **64-5**, 71
mercados bursátiles 15, 45, 72-3, 80, 81, 82
mercados de productos básicos 15, 78
mercados especializados 15
microeconomía 9, 27
Mill, John Stuart 42, 149
Minsky, Hyman 82, 149
Mises, Ludwig von 47, 149
Modigliani, Franco 149
momento Minsky 82
moneda de curso legal 17, 18
moneda digital 22-3
monedas descentralizadas 22
monedas 16-17
monopolios 46, 74–5
móviles 21
movilidad social 119
movimiento cooperativista 54-5, 87
Moyo, Dambiso 113, 150

N O

Naciones Unidas (ONU) 110
NASDAQ 15
Nash, John Forbes 150
nicho de mercado 61
nivel de vida 70, 71, 98, 99, 104, 111, 118, 121
obsolescencia 61
oferta y demanda 14, 15, 31, 32-3, **38-9**
creación de demanda 39
equilibrio de 64, 70
y sueldos 136
oficina de cambio 18, 19, 140, 141
operadores 8, 80-3
Organización Internacional del Trabajo (OIT) 106
Organización Mundial del Comercio (OMC) 106
organizaciones benéficas 112, 121
oro 16, 17
Ostrom, Elinor 150

P

pagarés 20
pagos sin contacto 7
países en vías de desarrollo **104-5**
ayudas a 112-13
pobreza y deuda **110-11**, 113
y la globalización 108-9
papel moneda 6-7, 17
paquetes de deuda 83, 90
Pareto, Vilfredo 150
paro 57, 111, 126, 145, 147
patrón oro 16
pedir un préstamo 100, **116-17**, 120, 134-5

pensiones 111, 145
petróleo 30, 60, 78, 105, 114, 121
Pigou, Arthur 150
PIN (número de identificación personal) 21, 147
planificar 144-5
plantas explotadoras 34, 35, 95, 120, 137
plata 16, 17
población, aumento de la 30, 31, 71, 92
pobreza 104-5, 109, **110-11**
círculo de pobreza 111, 113
y la ayuda exterior 112-13
pobreza absoluta 110-11
pobreza relativa 111
política 65
políticas de austeridad 91
Ponzi, Charles 103
precios
hiperinflación 84-5
para calcular el valor 13
y competencia 46
y condiciones de trabajo 35, 120, 137
y la oferta y la demanda 38-9, 78
preocupaciones medioambientales 34, 71, 75, 77, 92-3, 95, 108
prestaciones sociales 111, 118, 126, 145
préstamos 83, 90, 100-1, 102-3
préstamos de estudiantes 134
presupuesto, hacer un 130-5, 146
previsiones económicas 80-1, 94
problema económico 30-1, 32
producción masiva 52, 53

productividad
  competitividad y 46
  dirigir un negocio eficiente
    52-3
Producto Interior Bruto
  (PIB) 98-9
  descenso de 91
  per cápita 99, 118
productos básicos poco
  comunes 40
productos de buena calidad
  53
productos en promoción 60
productos manufacturados
  37, 41, 43, 48, 58
productos y servicios 14-15,
  36-7
  distribución de 32-3
  oferta y demanda 38-9, 40
  valor de 40-1, 99
profesiones 125, 127
propiedades, invertir en 143
protecionismo 67, 68
psicología y economía 88, 89
Putnam, Robert 150

Q R

Quesnay, François 150
racionalidad limitada 88
recaudación de capital 45
recesión 70, 71, 91
recursos humanos 31, 53
recursos naturales 30-1, 60,
  71, 92, 93, 105, 108
recursos producidos por el
  hombre 31
Reserva Federal de Estados
  Unidos 103, 135
responsabilidad limitada 44
Revolución Industrial 24, 42
Ricardo, David 67
riesgo **80-1**, **82-3**, 117

riesgo moral 117
riqueza
  distribución de la 24, 65,
    104-5, 118, 119
  medir la riqueza de un
    país 98-9, 118, 120
  y pobreza 104-5, 110

S

Sachs, Jeffrey 150
salarios 42, 50, 56
  el salario según el trabajo
    136-7
  en los países en vías de
    desarrollo 108-9
  ganarse la vida **126-27**
  y compaginar vida
    profesional y personal
    124-5
  y hacer presupuesto130-1
Say, Jean-Baptiste 150
Schumpeter, Joseph 47, 150
sector de la construcción
  37, 43
sector servicios 36, 37, 43,
  53, 59, 60
seguro 145, 146, 147
Sen, Amartya 150
servicios ver productos y
  servicios
servicios de banca en línea
  128
servicios públicos 65
símbolo de prestigio 59
Simon, Herbert 25, 88–9, 151
sindicatos 56
sistemas de pago de
  persona a persona 22
Smith, Adam 21, 24, 32, 33,
  41, 44, 52, 79, 86, 105
socialismo 49, 65, 87, 119
sociedad de consumo 58-9

sociedad posindustrial 43, 60
sociedades anónimas **44-5**,
  48-9, 100
Stern, Nicholas 74, 151
Stigler, George 151
Stiglitz, Joseph 151
subcontratar 53, 69
subsidio estatal 65, 75, 101
sueldos ver salarios

T U

tarjetas bancarias 26, 128
tarjetas de crédito 7, 12,
  20-21, 128, 135, 141
tarjetas de débito 7, 12, 20-21,
  128, 141
tarjetas inteligentes 21
tecnología 61
tecnología de la información
  43, 53, 61
tendencias del mercado 81
teoría del goteo 119
teoría del valor del trabajo 41
testamentos 145
tiempo libre 59, 60, 124-5, 131
tipo de cambio **18-19**, 140-1
títulos de crédito 82, 83
Tobin, James 151
toma de decisiones **88-9**
trabajadores 31, 56-7, 106
  circulación de 69
  costes de 53, 69
  división del 52
  en los países en vías de
    desarrollo 108-9
  gestión de 51
trabajo 56-71
  y vida personal **124-5**
  empleo sin futuro 120
  ganarse la vida 126-27
trabajo compartido 127
trabajo de temporada 57

trabajos no cualificados
  109, 136
tráfico de información
  privilegiada 74, 87
transacciones electrónicas
  20-1, 22, 59
trueque 16
Tversky, Amos 88, 89
unidad de cuenta 13
Unión Europea 19
usureros 120
utilidad 40-1
utilidad marginal 41

V W

vacaciones 140-1, 146
valor
  de los productos 40-1
  paradoja del 40, 41
  reserva de valor 7, 24
  teoría del valor del trabajo 41
valores **82-3**, 90
Varoufakis, Yanis 151
Veblen, Thorstein 59, 151
venta al descubierto 79
ventaja comparativa 67
ventas, ingresos por 50-1
vivienda, coste de la 131, 134
Walras, Léon 25, 151
Waring, Marilyn 151
Webb, Beatrice y Sydney 151
Weber, Max 151
Weimar (hoy Alemania) 84, 85
Wieser, Friedrich von 151

Y Z

yen japonés 18, 19
Zimbabue, hiperinflación 85
zonas de libre comercio 68

Agradecimientos

Dorling Kindersley quisiera dar las gracias a Derek Braddon por la Introducción (pp. 6–7), a John Farndon por escribir las páginas de la sección Destacado, a Camilla Hallinan por el Glosario, a Hazel Beynon por la corrección de pruebas y a Helen Peters por el índice.

Los editores quisieran expresar su agradecimiento a quienes se indica a continuación por haber permitido la reproducción de sus fotografías:

(Clave: a–arriba; b–bajo; c–centro; l–lejos; i–izquierda; d–derecha; e–encima)

6 Dreamstime.com: Ilfede (c); Mariasats (ci). **6–7 Dreamstime.com:** Wiktor Wojtas (c). **7 Dreamstime. com:** Robyn Mackenzie (c); Paul Prescott (ci); Franz Pfluegl (cd). **10 Dreamstime.com:** Frenta. **15 Corbis:** Ed Eckstein (ed). **16 Corbis:** Mark Weiss (bc). **19 Corbis:** Photomorgana (ed). **21 Dreamstime.com:** Monkey Business Images (bd). **25 Dreamstime.com:** Pariwatlp (bd). **28–29 Dreamstime.com:** Bo Li. **30 Corbis:** Bojan Brecelj (bc). **32 Corbis:** Stefano Bianchetti (bd). **37 Dreamstime.com:** Zorandim (bd). **39 Corbis:** Lynn Goldsmith (bd). **40 Dreamstime.com:** Matyas Rehak (bc). **42 Bridgeman Images:** Universal History Archive/UIG (bc). **46 Dreamstime.com:** Dave Bredeson (ci). **48 Corbis:** AS400 DB (bc). **51 Corbis:** Helen King (bd). **53 Corbis:** (cd). **56 Dreamstime.com:** Konstantinos Papaioannou (bc). **62–63 Dreamstime. com:** Wiktor Wojtas. **65 Corbis:** Mike Segar/Reuters (bd). **67 Corbis:** AS400 DB (ec). **69 Dreamstime.com:** Yanlev (bd). **71 Corbis:** (bd). **75 Dreamstime.com:** Tebnad (cdb). **77 Dreamstime.com:** Tatiana Belova (bd). **79 Dreamstime.com:** Kasto80 (bd). **80 Dreamstime.com:** 3quarks (bi). **82 Dreamstime. com:** Audiohead (bc). **87 Dreamstime.com:** Andrey Burmakin (bd). **88 Corbis:** Carsten Rehder/dpa (bc). **92 Dreamstime.com:** Alexmax (bc). **99 Corbis:** Harish Tyagi/Epa (bd). **100 Corbis:** Hulton-Deutsch Collection (bc). **103 Alamy Images:** Zuma Press Inc. (ed). **105 Dreamstime.com:** Sergiy Pomogayev (ed). **108 Dreamstime.com:** Karnt Thassanaphak (bc). **111 Corbis:** Bettmann (bd). **113 Dreamstime.com:** Komprach Sapanrat (bd). **116 Dreamstime.com:** Joophoek (bc). **118: Corbis:** Roger Ressmeyer (bc). **122–123 Dreamstime.com:** Alexkalina. **125 Dreamstime.com:** Tom Wang (ed). **126 Dreamstime. com:** Diego Vito Cervo (bi). **128 Dreamstime.com:** Maxuser2 (bc). **131 Dreamstime.com:** Nasir1164 (ed). **133 Dreamstime.com:** Ljupco Smokovski (ed). **134 Dreamstime.com:** Andrey Popov (bc). **139 Dreamstime.com:** Rangizzz (bd). **141 Dreamstime. com:** Matyas Rehak (bd). **143 Corbis:** Bombzilla (bd). **145 Dreamstime.com:** Epicstock (bd).

Imágenes de la cubierta: Portada: **123RF.com:** Lorna Roberts (ec, cia); Sylverarts (bd). Contra: **123RF.com:** Lorna Roberts (ci); Sylverarts (cdb). **Dreamstime. com:** Sylverarts (ed). **iStockphoto.com:** Sylverarts (cia). Lomo: **Dreamstime.com:** Sylverarts (e).

Resto de imágenes © Dorling Kindersley
Para más información ver: www.dkimages.com